RAPPORT

sur la création d'un gouvernement général des Antilles et de la Guyane, présentée à la Section des Anciennes Colonies de l' « Union Coloniale »

PAR

M. le Docteur R. PICHEVIN

RAPPORT

sur la création d'un gouvernement général des Antilles et de la Guyane, présentée à la section des Anciennes Colonies de l'Union Coloniale

par

M. le Docteur R. Pichevin.

La crise que traversent nos colonies de la mer des Antilles a des causes profondes qu'il faut mettre au grand jour.

La haine de races est le levier puissant à l'aide duquel toutes les forces vives de ces colonies sont mises en mouvement pour la satisfaction de mesquines ambitions. Elle risque d'amener une conflagration générale dans ces îles déjà si éprouvées au point de vue économique.

De graves abus dans l'ordre économique, dans la gestion des communes et celle de la colonie, ont été mis au grand jour.

Le remède qui s'impose est la création d'un gouvernement général.

L'Indo-Chine et l'Afrique Occidentale possèdent déjà cette institution qui a rapidement donné de merveilleux résultats.

Le salut de nos colonies d'Amérique dépend de leur fusion en un seul groupe placé sous la haute main d'un chef digne de ce nom et muni de pouvoirs étendus.

I

LES HAINES ETHNIQUES

Le béké (1) est un homme de proie, sorte de carnassier à la face humaine et au cœur de tigre. (*L'Opinion*, organe de la démocratie martiniquaise, 10 mai 1906)

E. Reclus (2) dont on connaît la largeur d'idées et qui, certes, ne peut être considéré comme

---

(1) Le mot créole : « béké » veut dire homme blanc. R. P.
(2) E. Reclus. — *Nouvelle Géographie universelle*. p. 13.

un détracteur de la race noire des Antilles, écrivait :

« Elle (la République de Haïti) exerce une
« énergique puissance d'attraction sur les habi-
« tants des îles rapprochées et si des garnisons
« étrangères ne contenaient les populations de
« couleur, nul doute que, dans la plupart des
« Antilles, elles ne proclamassent aussi leur in-
« dépendance ».

En décembre 1805, l'horrible Dessalines, dans
le but de soulever (3) la Martinique et la Guadeloupe, y expédia de Haïti, un certain nombre
d'émissaires qui ne purent accomplir leur noir
projet.

Dans le commencement du xixᵉ siècle des ré-
voltes éclatèrent. Les blancs des colonies, comme
dans les siècles précédents, furent menacés d'extermination. Il faut signaler (4) les tentatives
qui eurent lieu notamment à la Martinique en
1811, en 1822 et en 1823. La conspiration fut générale en février 1831 et se renouvela en 1833.

L'état d'esclavage dans lequel vivaient les noirs
venus d'Afrique pouvait, à la rigueur, être in-
voqué pour excuser les meurtres, les pillages et
les incendies qui eurent lieu à cette époque dans
nos colonies de la mer des Antilles.

Plus tard, la même raison ne pouvait être va-
lablement mise en avant.

En 1848, la France dans un élan d'enthousiasme
proclama la liberté des esclaves, mesure urgente
que l'humanité réclamait et qui avait été l'objet
d'une admirable enquête dirigée par le duc de
Broglie. La seconde République ne se contenta
pas d'accorder l'émancipation aux noirs. Elle
donna d'emblée tous les droits des citoyens français à ces hommes abrutis par l'esclavage, comme
le proclamaient Schœlcher et Bissette, le premier
député élu à la Martinique. Le suffrage universel appliqué prématurément aux Colonies fut une
faute politique qui a pesé lourdement sur la prospérité des Antilles françaises. Les Anglais et les
Hollandais, nos rivaux, n'ont jamais octroyé des

---

(3) Rapport de la conduite qu'a tenue M. Roberfort Lar-
tigue, 1815. L. K. 12. 36 (Cote Bib. nat.).

(4) V. Schœlcher. — *Des Colonies Françaises*. Paris, 184,
p. 376.

libertés politiques semblables à leurs populations de couleur.

Quoi qu'il en soit, l'émancipation avait été, avec juste raison, décrétée. Elle fut bien reçue, dans nos colonies des Antilles, par les maîtres; elle avait été l'objet de leur part de mesures anticipées et spontanées, avant même la promulgation de la loi.

Soudainement, sans aucune cause apparente, des troubles éclatent : l'assassinat et l'incendie sont la réponse sauvage à ce beau geste de la métropole. Des bandes armées, dirigées par des mulâtres libres depuis longtemps, pillent, incendient les propriétés des blancs qui sont assassinés au Prêcheur et à St-Pierre. Dujon est horriblement mutilé, le jeune Fourniols expire sous les coups des forcenés, un autre encore est tué. L'émeute éclate dans différents quartiers de la Martinique. A St-Pierre, se déroule un drame horrible qui creusera pendant longtemps un fossé entre les hommes de couleur et les blancs. La maison de Sanois où des femmes, des enfants, des vieillards, des malades et seulement 2 ou 3 hommes valides avaient cherché un refuge est cernée par une bande de 2.000 fanatiques qui y mettent le feu. Trente-cinq blancs sont brûlés vifs. Si, au Prêcheur, la population blanche ne fut pas égorgée par 4.000 révoltés dont 600 étaient armés de fusils, ce fut grâce à l'héroïque attitude d'une petite troupe composée d'Européens, soldats, marins et colons français.

La haine du noir et surtout du mulâtre contre la race caucasique était la cause de cet autodafé, de ces assassinats isolés et de ces incendies.

Après plus de vingt ans de liberté, à l'instigation de Lacaille, un homme de couleur, des noirs et des mulâtres se soulevèrent à l'improviste.

« La Martinique a vu éclater à la fin du mois « de septembre 1870, à la nouvelle de nos désas- « tres et de la proclamation de la République, l'in- « surrection la plus redoutable qui ait menacé « l'existence d'une de nos grandes colonies, de- « puis la révolte de Saint-Domingue, écrivait le « Gouverneur de la Martinique (1). Le soulève-

---

(1) Ch. Menche de Loisne. — *Insurrection de la Martinique.* Paris 1871, p. 1.

ment (2) eut lieu aux cris de « mort aux blancs ;
« vivent les Prussiens ! »

L'heure était grave. Les forces militaires concentrées aux Antilles étaient insignifiantes. Il fallut le concours des hommes d'ordre de tous les partis pour vaincre l'insurrection.

Le bilan, le voici :

Des assassinats, dont l'un commis dans des conditions particulièrement atroces et barbares, « quarante-quatre habitations et toutes les nombreuses dépendances ont été entièrement réduites en cendres... Beaucoup de propriétés particulières qui échappèrent à l'incendie n'en furent pas moins pillées par les bandes armées ».

Tel fut l'épouvantable attentat commis contre la glorieuse blessée et qui resta ignoré, au milieu des désastres de l'année terrible. L'opinion publique, en France, n'avait pas été saisie. Aussi ne s'éleva-t-il aucune protestation dans la grande presse quand le suffrage universel fut, au lendemain de cette insurrection, accordé de nouveau à nos colonies de la mer des Antilles.

En 1870, comme dans le cours des années suivantes, la haine soufflée par des énergumènes contre l'élément européen fut l'ardent foyer qui a alimenté toute la politique coloniale jusqu'à ce jour.

C'est l'infaillible moyen de faire marcher des masses incultes, ignorantes et crédules.

Vers 1881, les passions ethniques surexcitées à un haut degré par un mulâtre de talent, Hurard, futur député de la Martinique, aboutirent au pillage de la maison du Dr Lota qui avait défendu l'honneur des blanches odieusement outragées. Le Dr Lota et sa famille ne durent la vie qu'à l'énergie du maire de St-Pierre, un noir courageux, M. Bernard, qui opposa sa poitrine à la fureur homicide des émeutiers. Cette très haute action qui honore l'homme privé et le citoyen, lui mérita, de la part des hommes de couleur blancophobes, le titre de traître, de vendu et de renégat.

Quand la cloche de la liberté sonna aux oreilles des nègres en 1848, ce fut le signal d'une définitive émancipation. A jamais les chaînes étaient

<hr>

(2) Martinique. *Insurrection du Sud*, 22 septembre 1870. Conseil de guerre. L. K. 12. 1232 (Cote Bib. nat.).

brisées. Ainsi se réalisait la prédiction du conventionnel Grégoire (1) l'un des premiers abolitionistes français, quand il écrivait « qu'un jour sur le rivage des Antilles le soleil n'éclairera plus que des hommes libres. »

Sur ces plages des Antilles on vit luire cette splendide devise : liberté, égalité, fraternité.

La liberté ! Etait-il permis à un être intelligent de penser qu'à un moment quelconque apparaîtrait de nouveau cette plaie hideuse, l'esclavage qui a été plus qu'une erreur, mais une faute dont le résultat a été le changement de la destinée des Antilles et la création dans ces îles, d'un état social, politique et économique aussi désastreux que contre nature.

L'esclavage, ignoré des générations actuelles, a été néfaste à ce point que, comme une tunique de Nessus, il brûle les blanches épaules près de soixante-dix ans après sa disparition de nos lois et de nos mœurs coloniales. Tel a été le résultat de cette institution imposée par la métropole dans le but d'exploiter, à l'aide du pacte colonial, ses vieilles possessions.

Liberté! c'est en son nom que toutes les forces vives des colonies antillaises sont depuis trop longtemps détournées de leur naturelle destination et servent à l'abaissement, à l'annihilation et à l'éviction systématique de la race française qui a conquis, défriché et cultivé de ses propres mains, pendant plus d'un siècle, le sol des îles de la mer des Caraïbes.

Sur les blancs créoles et ceux qui ne leur sont pas hostiles, la rigueur des pénalités, avec la plus criante injustice, est sans cesse appliquée.

La liberté de la presse, arme à double tranchant dans ces pays, est transformée impunément en licence, quand ce sont les journaux évictionistes qui déversent l'injure et la calomnie. Mais elle se traduit par de formidables amendes et au besoin par l'emprisonnement lorsque les feuilles, favorables aux blancs, répondent aux attaques.

Menacé dans sa vie, le blanc n'a même pas le droit de se défendre. S'il est assassiné, on prouvera qu'il a été l'agresseur. Il n'a que ce qu'il mé-

---

(1) Grégoire. — *De la Littérature des Nègres.* Paris MDCCCVIII. p. 281.

rité. L'acquittement de l'assassin est certain et
fêté comme un triomphe de la race de couleur.

Des auteurs impartiaux et indépendants recon-
naissent la triste situation faite aux Européens et
aux descendants des Français établis aux Antilles.

Peytraud, dans son consciencieux ouvrage (2),
écrit :

« Il est nécessaire que la population de couleur
« ne devienne à son tour, oppressive, à l'égard de
« la population blanche. »

Schœlcher (3) avait déjà dit: « Nous ne saurions
« désirer pour sauver les esclaves, que leurs maî-
« tres deviennent esclaves à leur tour d'un pou-
« voir tyrannique ».

Rochard (4) l'éminent et regretté chef du service de santé de la marine à Paris disait :

« Cette race a peu de besoins et elle est guidée
« par deux sentiments également impérieux :
« l'horreur du travail et la haine des blancs. Elle
« est en grande partie parvenue à expulser ceux-
« ci. Il y a longtemps que les Européens ne vont
« plus se fixer aux Antilles, et les créoles qui ont
« encore des propriétés dans ces pays, tâchent de
« les vendre pour venir vivre en France. »

Saussure (5) ajoutait plus tard:

« C'est maintenant le blanc qui est traité en
« nègre et l'existence est pour lui insupportable. »

En 1902, Murry (6) dans la *Revue Bleue*, dési-
gnait les fils des Européens établis aux Antilles,
sous la suggestive dénomination « d'esclaves
blancs ».

L'*Egalité !* Etrange ironie ! Ceux-là qui s'en ré-
clamaient jadis ne sont-ils pas précisément les
mêmes qui, ouvertement et sans crainte d'offen-
ser la France par ce blasphème, proclament la déchéance de la race européenne et par suite la
légitimité de la domination des hommes de couleur?

« Le spectre de la domination politique (7) a

---

(2) L. Peytraud. — *L'Esclavage aux Antilles Françaises
avant 1789*. Paris 1897, p. 461.

(3) V. Schœlcher. — *De l'Esclavage des Noirs*. Paris 1833,
p. 156.

(4) Rochard. — *Revue des Deux-Mondes*, octobre 1885,
p. 657.

(5) De Saussure. — *Psychologie de la Colonisation*. Paris 1899. p. 189.

(6) Revue Bleue. *Haine de Races*. 17 mai et 24 mai 1902.

(7) L'*Union des Républicains*, 10 décembre 1890.

déjà passé de leurs mains (des blancs) aux nôtres : bientôt, peut-être, y passera celui de la domination morale. » L'*Opinion* du 8 février 1906 avait déjà déclaré que la race africaine « incarne en elle la puissance politique ».

L'*Egalité !* La race européenne est déclarée déchue par une population sans instruction. Elle est poursuivie avec ardeur au cri de « à bas békés ». Pour donner la raison de leur domination et excuser l'oppression qu'ils exercent, les hommes de couleur antijaphétiques proclament la supériorité de la race noire ou mieux de la race croisée. Un des hommes en vue de la Martinique écrivait sans hésiter (1) : « Il est aujourd'hui démontré par « une théorie scientifique, que la race caucasique « devra sa régénérescence au contact des peu- « plades viriles de l'Afrique. »

Dans un accès de mégalomanie, un homme qui a incarné la race des mulâtres, le *Verbe* (sic) le Messie jaune, Hurard, lors de sa crise évictioniste écrivait dans les *Colonies*, « qu'on verrait un « jour les blancs s'ingénier à trouver dans leurs « papiers de famille, pour s'en faire un titre, « quelque trace du sang qu'aujourd'hui l'on cons- « pue ».

La Fraternité ! Qui pourrait mesurer le fossé créé par les discordes civiles entre des populations destinées à vivre côte à côte? C'est la haine farouche qui soudain, au moindre froissement d'intérêt, surgit et s'étale.

Les *Colonies* affirmaient (2 que M. D., député, homme de couleur, avait jadis dit : « le ter- « rain eût été facilement déblayé si nous avions « exterminé d'un seul coup, en 1848, cinquante « mille blancs dans ces pays ».

Le Dr Corre, chef du service de santé à Fort-de-France, a écrit que la construction d'un baraquement lui fut refusée, parce qu'il s'agissait de mettre seulement les troupes françaises à l'abri de l'invasion de la fièvre jaune, et que cette affection contagieuse n'atteint pas, comme on le sait, les noirs antillais.

H. Van Kol (3), socialiste hollandais, auteur d'un important ouvrage sur les Antilles, de passage à

---

(1) *L'Opinion*, 15 octobre 1905.
(2) *Les Colonies*, 10 mai 1881.
(3) Van Kol. — *Near de Antillen en Venezuela*. Leiden 1904.

la Martinique, rapporte les bruits qui couraient à Fort-de-France après la terrible destruction de Saint-Pierre. Une partie de la population exprimait le regret de n'avoir pas assisté à la totale disparition des blancs de la Martinique lors de l'éruption de la montagne Pelée. « Le volcan nous a débarrassés d'une partie des Français, nous achèverons bien les autres. »

Dans toutes les élections municipales ou législatives le spectre blanc est sans cesse agité aux yeux des noirs confiants et frustes. Les deux partis qui se disputent le pouvoir et y parviennent successivement, l'ont surabondamment démontré dans l'opposition. Toute l'histoire de la Martinique n'est faite que de ces questions de substitution et d'éviction.

Sans remonter bien loin, il suffit de signaler, en 1896, les articles d'un journal, l'*Opinion*, qui représente à cette heure la majorité du conseil général et le parti des mulâtres hostiles à la race blanche.

L'*Opinion* du 25 mars signale dans une conférence faite à Fort-de-France le cri de « à bas les blancs » et ajoute : « Elle (l'administration) a le de-
« voir de prendre des mesures énergiques néces-
« saires pour assurer la sécurité des habitants et
« sauvegarder la dignité du suffrage universel ».

« Pour nous, nous protestons de toute notre
« énergie contre ces cris de haine poussés à
« l'adresse d'une partie de notre population. »

Plus tard la même thèse est développée non plus par l'*Opinion* arrivée au pouvoir, mais par le journal adverse, dirigé par Hurard qui, à son tour, mène une brillante campagne contre la substitution, contre l'évictionisme.

En mai 1898, dans les *Colonies*, Hurard, homme de couleur, ancien député, s'indigne des procédés mis en usage par les partisans de la politique que représente l'*Opinion*.

« Voilà le cri monstrueux que pousse, dans une
« vieille colonie française, au déclin du xixe siècle,
« une infime minorité d'individus que la passion
« politique aveugle. »

« ...A bas les blancs! à bas les métropolitains!
« Sait-on bien ce que ce cri, le plus insensé et le
« plus ignominieux qu'une bouche humaine
« puisse proférer, renferme de méprisable? A-t-on

« compris quel sacrilège on commettait là? N'a-
« t-on pas senti tout ce qu'il y avait d'impiété dans
« ce cri infâme (1). »

Battue par les partisans de Hurard, l'*Opinion*
s'écrie (2) :

« Pauvres nègres, pauvres mulâtres, c'en est
« fait! Après cinquante ans de liberté, fatigués
« sans doute d'être libres, vous vous précipitez
« avec rage vers la servitude... Le 21 mai 1868,
« dans le même journal on pouvait lire: « Le
« peuple ira consommer son déshonneur en vo-
« tant pour un traître à sa race, un vendu aux
« esclavagistes. »

Lors des élections législatives de mai 1902,
comme toujours, le tremplin dont se sert le clan
de l'*Opinion* est dénoncé par Hurard, l'ancien député.

« Ce sont les amis de l'*Opinion* (3) qui parcou-
« rent les campagnes de Sainte-Marie en parlant
« de l'esclavage, ce sont les amis de l'*Opinion* qui
« prononcent à la Basse-Pointe et au Lorrain, au
« siège du syndicat agricole, des discours enflam-
« més. »

Après la catastrophe, les luttes ethniques repri-
rent avec une intensité croissante. Le nègre Con-
flant reprocha, en termes véhéments, au parti
jaune triomphant la systématique éviction dont les
blancs étaient victimes. Le 6 mai 1903 il écrit :
« Vous poursuivez un but nettement défini : met-
« tre les blancs de ce pays hors la loi commune ».

De ce fait, il fut traîné aux gémonies et dis-
qualifié par une partie des hommes de couleur qui
le déclarèrent traître à la race noire, renégat et
vendu.

Un parti d'hommes de toutes les conditions,
composé de mulâtres, de noirs et de blancs,
s'est formé pour résister à cette politique qui a
pour mobile l'intérêt particulier et comme moyen
d'action, la haine que l'on déchaîne contre l'élément européen.

Il faudrait un volume pour réunir les citations
prises dans les journaux pour démontrer l'existence non contestée, du reste, des haines ethniques. Il suffit de parcourir les collections de l'*Opi-*

---

(1) *Les Colonies*, 18 et 21 mai 1891.
(2) *L'Opinion*, 18 mai 1868.
(3) *Les Colonies*, 14 octobre 1901.

nion, des *Colonies*, sans parler des publications anciennes dirigées par les blancs, pour se convaincre que les luttes de races constituent toute la politique coloniale et résument toutes les revendications sociales aux Antilles.

Aux élections municipales de 1903, les cris de « à bas les blancs » servirent à faire marcher les noirs. C'est la répétition du même procédé aussi enfantin qu'infaillible. M. S..., un homme de couleur, opposé à la politique de division et d'éviction, poursuivait reconventionnellement le sieur X., un des chefs du parti opposé qui avait triomphé à ces élections municipales. S... assignait X. parce que celui-ci l'avait injurié et diffamé, en poussant les cris suivants : à bas les blancs, à bas le vendu, à bas le renégat.

Voici quelques extraits du jugement :

« Attendu que les expressions « à bas les blancs,
« à bas le vendu » relevées dans la citation et
« dans les conditions qui y sont indiquées, cons-
« titueraient, si elles étaient prouvées, le délit de
« diffamation.

« ...Mais attendu qu'il convient d'examiner si
« ces propos ont été réellement tenus ; attendu
« qu'à cet effet de nombreux témoins, en nombre
« à peu près identique, ont été cités tant pour
« la partie civile que par le défendeur et qu'ils
« ont tous affirmé avec une égale énergie, les pre-
« miers : que le prévenu avait proféré les pro-
« pos incriminés, les seconds que celui-ci ne les
« avait pas tenus, quelques-uns des témoins à dé-
« charge allant même jusqu'à déclarer que le pré-
« venu n'avait pas prononcé certaines paroles qu'il
« reconnaissait pourtant avoir dites.

« ...Attendu, dans ces conditions que la religion
« du tribunal n'est pas plus éclairée dans un sens
« que dans l'autre et que les motifs de douter
« subsistent tout entiers... renvoie le sieur X. des
« fins de la poursuite. »

C'est ainsi que le ministère public accoutumé à entendre les faux témoignages, les laissa débiter sans sourciller et sans penser à requérir l'application de la loi.

Le 10 avril 1904, à la mairie de Fort-de-France, un des plus hauts personnages locaux, dans une conférence ne craignit pas de faire appel aux passions ethniques. Dans un compte rendu adressé au gouverneur on peut lire les phrases suivantes qui dénotent un singulier état d'âme :

« J'ai été décoré en même temps que lui (le gou« verneur de la Martinique), cela me répugne
« d'avoir été compris dans cette promotion et, si
« ce n'était la crainte de faire un affront au gou« vernement de la République je jetterais ce ru« ban...

« ...En dehors de la politique générale, il y a la
« politique locale qui n'est pas d'une moindre im« portance et qui doit attirer notre attention ; c'est
« la politique de défense de race. Puisque nous
« sommes attaqués dans notre race il faut nous
« défendre...

« Socialistes, radicaux socialistes, radicaux et
« progressistes, nous devons lutter contre de tels
« adversaires qui nous traitent tous de la même
« façon sans distinction d'opinion, parce que nous
« sommes jaunes. Nous devons nous unir et sui« vre le même drapeau, le drapeau de la défense...
« ethnique. »

Il faut que l'Etat fasse sentir aux Antilles, siste à étendre les haines ethniques en faisant faussement croire que l'accusation de substitution était portée à ce moment contre toute la population colorée.

Au mois de mai 1906, lors des élections législatives, les deux factions se trouvaient en présence et étaient composées à gauche d'une majorité d'hommes de couleur, de noirs et de blancs et à droite, d'une minorité de mulâtres et de noirs. Ce dernier clan dit de « l'éviction » combattait le parti adverse qui prêchait la paix, la concorde, l'union du capital et du travail, la fusion politique de toutes les races.

Le parti de la conciliation avait rallié les 3.000 blancs qui subsistent et qui sont pour ainsi dire noyés dans une population noire ou jaune de plus de 180.000 âmes. Mais la race européenne représente une portion importante des forces vives du pays. Les capitaux, les plantations de cannes, les usines, la propriété foncière, mobilière et immobilière appartiennent, en grande partie, aux Européens et descendants d'Européens. Au point de vue du nombre, les blancs sont en proportion de 1 ou 2 pour 100.

L'homme de couleur qui représentait le parti

de la fusion des races triompha. Dix mille électeurs s'étaient prononcés en faveur de cette politique d'apaisement, de concorde et d'union.

Les partisans noirs et mulâtres du député élu, un homme de couleur qui avait donné des preuves non équivoques de son dévouement à sa race, fêtèrent à Fort-de-France le triomphe du représentant de l'Union au cri de « vive le béké, vivent les blancs. »

Dans le clan de la substitution, on était partagé entre deux sentiments ardents et opposés : la crainte de proclamer par un fait nouveau la haine vouée à l'élément caucasique et, d'autre part, la nécessité de remuer le vieux levain d'exécration contre la race blanche, afin de mobiliser les dernières recrues.

En dépit du fâcheux retentissement que devaient produire en France, on le savait très bien, des articles inspirés par la haine ethnique, mais sous la pression du danger que courait le candidat évictioniste mis en minorité dans un des arrondissements de la Martinique, le journal l'*Opinion*, n'hésita pas à pousser le suprême appel au labarum, à la peau de couleur.

Cette manifestation si grave d'hostilité contre la race blanche s'étale dans plusieurs numéros dont l'un intitulé « Vive Békés » est symptomatique des passions de races semblables à celles qui se déchaînèrent, il y a plus d'un siècle, dans notre ancienne colonie des grandes Antilles.

Dans le numéro du 8 mai 1906, l'*Opinion* faisant un saut de 58 ans en arrière et pour mieux viser le candidat actuel, blanc propriétaire, mis en ballottage dans l'arrondissement du Nord, qualifie M. P.... créole qui fut élu député de la Martinique en 1848, « le grand propriétaire, tourmenteur de nègres et exploiteur de chair humaine ».

Une partie de la population noire et de couleur avait salué, le 6 mai 1906, le triomphe d'un mulâtre, élu député dans l'arrondissement du Sud de la Martinique. Le candidat de l'Union des races avait été acclamé au cri de « Vive Békés » qui était la réponse à l'habituelle clameur « à bas Békés » toujours proférée dans les luttes électorales par les ennemis de la race blanche.

« A bas Békés ». C'était de bonne guerre : mais « Vive Békés » n'était-ce pas un cri séditieux ?

« Vive Békés, tel est le cri sinistre, s'il en fut

« jamais dans notre colonie, qui retentissait di-
« manche soir... il n'est pas un d'entre nous, qui,
« entendant cette clameur, n'en ait éprouvé un
« frisson, tout comme, quand dans la nuit, vous
« entendez sonner le tocsin. »

Le tocsin! C'est lui que la gente évictioniste, battue au premier tour, voulait à tout prix faire re-
tentir jusque dans les bourgs les plus reculés.
C'est la cloche sinistre de la haine de race qui son-
nait à toute volée ; c'est le cri suprême du ralliement au drapeau, à la peau jaune. que mugis-
saient, pour déchaîner au suprême degré les passions ethniques, des hommes mus exclusivement
par l'intérêt personnel.

Parmi ces mulâtres qui excitaient ainsi la population. ne se trouvaient-ils pas, soit des descendants d'homme de couleur libres, qui furent
les plus terribles possesseurs d'esclaves, soit
même des fils des maîtres blancs d'autrefois ?

Quoi qu'il en soit, il faut lire le développement
des idées évictionistes :

« Vive Békés (1) est un des cris de ralliement
« que nous connaissons bien ; il représente tout
« un système, système odieux, s'il en fut jamais.
« car. fait de toutes les iniquités, de toutes les
« violences et de toutes les abominations. le *béké*
« et le *négrier* étant, et ayant toujours été le même
« individu sous des noms différents, le hourrah.
« poussé en faveur de l'un, indique dans l'esprit
« des manifestants, l'envie, le désir, la possibilité
« du retour de l'autre... Il ne nous faut pas faire
« de gros efforts d'imagination pour deviner les
« scènes auxquelles l'on se prépare, les orgies san-
« glantes destinées à la satisfaction des haines et
« des vengeances de certains békés. orgies à qui
« ce cri doit servir de prélude, car si les jeunes,
« qui ont voté dimanche pour Duquesnay, ne sa-
« vaient pas, il est bon qu'ils apprennent à connaî-
« tre que le béké est un homme de proie. sorte
« de carnassier à la face humaine, mais au cœur
« de tigre. Petit-fils de boucanier ou descendant
« de flibustier, il a les aimables qualités qui fai-
« saient l'orgueil de Mogan l'exterminateur. Son
« fouet lui semble suffisant pour faire marcher
« ses choses et ses esclaves — lisez domestiques
« aujourd'hui...

---

(1) *L'Opinion*, 8 mai 1928.

« — Ombre de M. de Lavernais ne sortirez-vous
« donc pas de la tombe, pour venir jeter avec
« nous le cri d'alarme, pour mettre en garde cette
« population trop confiante et trop candide, qui,
« elle-même, prépare et fabrique les instruments
« de torture qu'on doit employer contre elle. »

Cet article est imprimé dans l'*Opinion*, dont le
directeur est le maire de Fort-de-France conseiller
général, candidat à la députation un des hommes
les plus intelligents de la Martinique.

Par cet article de l'organe attitré des hommes de
couleur bien pensants et bon teint, on devine aisément à quel diapason s'éleva le cri d'appel à la
guerre de races et quelles abominations furent de
vive voix débitées dans les mornes, dans les
cases, dans les assemblées privées, pour entraî-
ner les indécis, les tièdes, les indifférents et les
mener à l'urne.

Car, à côté de la politique avouée, étalée au
grand jour et se manifestant par des articles qui
restent, existe — écrivait Hurard — la politique
inavouable, celle qui se traduit en paroles et dont
personne n'oserait assumer la responsabilité.

Ainsi, sans tenir compte des suffrages mani-
festés par 9.716 électeurs, presque tous noirs ou
hommes de couleur — puisqu'il n'y avait pas plus
de trois cents blancs inscrits — une feuille publique, en présence du triomphe de la politique
d'union ethnique, rendit seule la race européenne
responsable de la victoire électorale d'un mulâtre,
vétéran des luttes coloniales.

Le jour même de l'anniversaire de la destruction de Saint-Pierre, le 8 mai 1906, l'*Opinion* qui
incarne la mentalité de la portion de la race
mêlée non vendue aux blancs, avait tranquille-
ment donné aux békés (blancs) un suggestif aver-
tissement:

« Nous verrons bien si 3 ou 4.000 individualités
« plus ou mois scélérates pourront arrêter dans
« sa marche en avant une collectivité de 180.000
    Français honnêtes, patriotes et laborieux. »

Les 3 ou 4.000 individualités plus ou moins scélérates ne sont autres que les 3 ou 4.000 blancs
— hommes, femmes et enfants compris — qui
existent encore à la Martinique. Les 180.000 Français honnêtes, patriotes et laborieux sont consti-
tués par les 180.000 noirs et hommes de couleur.

par opposition aux 3 ou 4.000 blancs qui, évidemment, ne sont ni français, ni honnêtes, ni patriotes, ni laborieux, par ce seul fait qu'ils sont venus de la terre de France, et n'ont pas du sang africain dans les veines.

Afin de ne laisser aucun doute sur ses pures intentions, la feuille distinguée et puritaine sous-entend à peine ses menaces :

« Si les hommes du gouvernement, intimidés
« par les distances qui les séparent de la métro-
« pole n'osaient pas agir, nous saurions, à notre
« tour, nous souvenir que nous sommes le *nom-*
« *bre* et la *force.* »

Le nombre et la force ! Formule chère aux populations antillaises et dont l'application sanglante a déjà été faite avec succès dans l'admirable colonie que nous avons perdue au commencement du XIX° siècle.

Les pouvoirs publics devraient, semble-t-il, la méditer; ne serait-ce que pour apprendre comment les fils de la France, qui sont partis, sur la foi des traités, pour agrandir notre domaine national, sont traités, au XX° siècle, dans une de nos vieilles colonies absolument mûres, paraît-il, pour l'assimilation.

Dans tous les cas, cet article du journal *l'Opinion* peut être considéré comme un des canons de l'Eglise jaune, comme un des caractéristiques symboles de la *Religion de la haine,* suivant l'expression de l'un des députés mulâtres de la Martinique.

A Saint-Domingue, les adeptes de cette religion célébraient le culte du Vaudoux (1), et avaient inscrit dans leurs rites l'extermination des blancs, l'éviction des survivants et l'incapacité pour les Européens ou descendants d'Européens de posséder en terre haïtienne, décision qui fut inscrite dans la constitution noire.

On a vu en quoi consistait, à la Martinique, la *religion de la haine.* Elle se résume dans la subs-

---

(1) V: Tantet. Archiviste bibliothécaire du ministère des Colonies. — *Survivance de l'esprit français aux Colonies perdues.* Paris 1900, p. 337. Le sacrifice consiste dans l'égorgement des chevreaux blancs et « des chevreaux blancs sans cornes », c'est-à-dire d'enfants blancs qui sont ensuite dévorés. « C'est du cannibalisme pur avec du cérémonial religieux » écrit M. V. Tantet. Ce culte a encore des sectateurs.

titution systématique, dans une continuelle hostilité et par des explosions intermittentes de rage et de violences.

Dans un ouvrage documenté et à plus d'un titre remarquable, M. Fallot (2) écrivait:

« ...Aux Antilles, l'introduction du suffrage universel a réveillé les vieilles haines de couleur, et les noirs, sous prétexte des revendications sociales, semblent, par des aggravations de taxes et d'autres vexations, poursuivre une revanche de leur ancienne infériorité, et chercher à débarrasser les îles de tous les blancs. Si les blancs, détenteurs de presque tous les capitaux, abandonnaient les Antilles françaises, ses îles, malgré leurs richesses naturelles, seraient entièrement ruinées, et elles tomberaient dans la situation misérable de notre ancienne colonie Saint-Domingue. »

Gaffarel (2) déclare que la question des gens de couleur est fort grave.

L'amiral Aube (3) voit, dans certains articles publiés, sous son gouvernement à la Martinique, des tendances à l'autonomie et à l'indépendance.

Meignan (4) affirme que les hommes de couleur s'emparent de toutes les fonctions politiques « dans le but de suivre l'exemple de la république haïtienne ».

En 1871, le gouverneur de la Martinique (5) s'exprimait, dans les termes suivants, à propos de l'insurrection de septembre 1870 :

« Quant aux instigateurs de cette lutte crimi-
« nelle, il n'y a aucun doute qu'ils rêvaient de
« profiter de nos désastres pour nous arracher la
« Martinique, et en faire sous leur domination
« une île indépendante, une nouvelle Saint-Do-
« mingue. « Il faut, s'écriaient-ils, tout brûler,
« même les grands-pères et les petits-enfants des
« blancs. »

D'autres auteurs ont exprimé une opinion analogue. Mais, il faut le dire, les tendances séparatistes qui ont pu germer dans l'esprit de quel-

---

(2) Fallot. — *L'Avenir Colonial*. Paris 1902, p. 225.
(2) Gaffarel. — *Des Colonies Françaises*. Paris 1883, p. 301.
(3) Aube. — *La Martinique. Son Présent et son Avenir*. Paris 1882.
(4) Meignan. — *Aux Antilles*. Paris 1882, p. 50.
(5) Menche de Loisne, *loc. cit.*, p. 17.

ques exaltés, au milieu de certaines crises, ne se font pas jour à cette heure. L'accaparement de toutes les places, de tous les privilèges et des honneurs, la domination exercée sans mesure par un parti remuant et insatiable, suffisent aux ambitions de ceux qui rêvent l'asservissement et la disparition du blanc dans ces contrées.

Le sentiment de particularisme mis en évidence par M. Dislère, se manifeste seulement par la devise qui fut imprimée dans un des journaux du pays: « *la Martinique aux Martiniquais* ».

Tant que le parti de la substitution disposera à son gré de tous les avantages et de toutes les sinécures, l'on daignera trouver admirable « la République des gens de couleur » établie (1) telle qu'elle est en ce moment à la Martinique.

Néanmoins, il faut protester contre les doctrines qui, ouvertement ou sous de vagues formules, de près ou de loin, dans le temps présent ou dans un avenir lointain, peuvent éveiller dans le cerveau de ces populations naïves et excitables, le mirage de l'indépendance et le rêve caressé de la disparition du blanc.

V. Schœlcher (2) lui-même n'écrivait-il pas que les Antilles « pourront bien un jour constituer « un corps social à part dans le monde moderne, « comme les îles Ioniennes en formaient un « autrefois dans le monde ancien. Petites républi- « ques indépendantes, elles seraient unies confé- « dérativement par un intérêt commun et auraient « une marine, une industrie, des arts, une litté- « rature qui lui seraient propres. Cela ne se fera « peut-être pas dans un, dans deux, dans trois « siècles... mais cela se fera parce que cela est « naturel. Alors aussi, on n'en peut guère douter, « les îles confédérées, les Indes occidentales, « auront une population spéciale et particulière, « une population mixte ».

Il y a lieu de répudier avec énergie de telles conceptions qui seraient pour les Antilles françaises le signal de la décadence, un formidable recul, l'irrémédiable défaite de la civilisation et pour la France un dernier coup porté à sa mission, à sa puissance dans le monde, à son pres-

---

(1) *L'Opinion*, 25 mai 1880.
(2) V. Schœlcher, *loc cit.*, p. 213.

tige dans ces îles, théâtre de nos exploits depuis près de trois siècles, champs fécondés par notre sang, défrichés par nos bras et sur lesquels est à jamais planté le drapeau tricolore.

Avec l'amiral Aube (3), il faut le répéter bien haut: la Martinique doit rester une colonie française.

Il faut que la Guadeloupe et la Martinique soient surveillées avec d'autant plus de vigilance que leur valeur stratégique et économique s'accroîtra singulièrement par le prochain percement de l'isthme de Panama.

Il est temps de songer à leur sécurité et à leur prospérité. Dans l'ombre, sous le couvert de la doctrine de Monroë, la grande république américaine étend ses bras puissants le long de cette chaîne antillaise détachée du nouveau continent aux temps préhistoriques. Grandes et petites Antilles sont ouvertement menacées: Cuba, Porto-Rico ont déjà subi le sort que l'on sait; sur Saint-Domingue s'exerce le contrôle financier des Etats-Unis.

Il appartient au gouvernement de la République de se préoccuper de ces questions ethniques et économiques si graves et, à maintes reprises, dénoncées par la presse métropolitaine. En imposant sa seule volonté, la France est assez puissante pour mettre un terme à une si lamentable situation.

L'exemple de la Guadeloupe démontre que la question ethnique peut subir une heureuse modification.

Là, comme à la Martinique, l'élément européen a été en butte aux mêmes suspicions, à la même systématique hostilité et à une identique éviction.

Hier encore, toute la politique se résumait dans l'exploitation des haines et des rancunes du passé.

Mais un parti s'est formé, qui sous l'égide de l'union du capital et du travail, préconise l'entente, la concorde, la fusion de toutes les classes intéressées au développement de la richesse coloniale. Les vieilles querelles, triste legs du passé colonial, s'apaisent et s'éteignent.

---

(3) Aube, *loc. cit.*, p. 113.

A la Martinique, le triomphe de cette politique est assuré. Ses partisans ont obtenu une incontestable majorité, en dépit de la fraude électorale. Des noirs, des hommes de couleur, intelligents et dévoués ne demandent qu'à s'unir à la race blanche, sous le drapeau de la France, pour défendre les grands intérêts et l'avenir de nos possessions de la mer des Antilles.

A ceux qui, dans leur folle présomption et avec une singulière inconscience, s'imaginent être les maîtres et les seigneurs des terres que les Français ont conquises sur les Caraïbes et colonisées, à ceux qui constituent une éternelle menace contre la tranquillité et la prospérité de nos îles des Antilles, la France, pour éviter le renouvellement d'irrémédiables malheurs, pour rétablir la paix, la concorde, l'ordre à la Martinique et à la Guadeloupe, pour assurer le développement normal des richesses naturelles de ses deux belles colonies, la France n'a qu'à signifier sa volonté par le geste ferme et puissant de ses droits souverains.

II

Les abus.

Une fraude colossale constatée alternativement par les deux partis opposés, par les gouverneurs et les inspecteurs vicie toutes les élections et les transforme trop souvent en une parodie du suffrage universel.

M. Decrais, ministre des colonies, a lu à la tribune les conclusions du rapport d'un haut fonctionnaire envoyé en mission à la Martinique et investi de la confiance du gouvernement de la République.

« Il est nécessaire — écrivait cet inspecteur — « de prévenir et de réprimer, s'il le faut avec la « plus grande énergie, les fraudes électorales qui « se commettent dans la plupart des élections. « C'est le seul moyen de mettre la population de « la colonie en état d'apprécier, comme il convient, le suffrage universel. »

Le 3 juillet 1901, *Les Colonies*, avec une déconcertante franchise déclaraient:

« Nous perdons notre temps les uns et les au- « tres à nous demander quel est celui des deux

« partis qui renferme le plus de fraudeurs. Que
« ne le consacrons-nous à leur rendre impos-
« sible l'exercice d'un art qui finira par tuer le
« suffrage universel à la Martinique. »

Ce n'est pas, comme on le devine aisément,
dans le but d'améliorer la situation de nos colonies d'Amérique que la guerre de races est
ouvertement prêchée par des hommes qui détien-
nent toutes les places lucratives de la colonie.

La gestion des communes est à ce point désas-
treuse et criminelle que ceux qui sont chargés de
vérifier la comptabilité et de connaître la situation n'osent même pas réclamer les poursuites
contre les prévaricateurs. La mairie — du moins
certaines mairies — n'est pas la maison commune, mais une maison de commerce dont les
bénéfices se chiffrent annuellement par des sommes bien déterminées et escomptées d'avance,
sans que les heureux détenteurs de ces fiefs coloniaux aient à courir le moindre risque pécuniaire
ou pénal.

Au ministère des colonies, cette plaie qui ronge
nos Antilles et qui porte une mortelle atteinte à
leur vitalité est parfaitement connue.

Dispensateurs de la fortune de nos vieilles colonies, les conseillers généraux n'ont que trop
abusé des exceptionnels pouvoirs qui leur étaient
concédés, en vertu d'une législation surannée,
caduque, et qui nécessite une totale revision.

Les conseils généraux. — C'est ainsi qu'a été
faussée l'idée première qui a présidé à la composition et aux attributions des conseils généraux.

Les larges pouvoirs accordés aux assemblées
locales par les sénatus-consultes de 1854 et de 1866
étaient tempérés par la composition même des
conseils généraux.

L'Etat les avait sous sa domination. La nomination de la moitié des membres des assemblées
locales était faite directement par le gouverneur.
L'autre moitié du conseil général était élue par
les conseils municipaux, qui eux-mêmes étaient
désignés par le chef de la colonie. De cette façon,
le conseil général était sous la dépendance du
représentant du gouvernement.

Mais le décret du 3 décembre 1870 a soumis la
nomination des conseillers généraux à l'élection
par le suffrage universel. De ce fait, le caractère

de ces assemblées locales a subi une profonde modification. Jadis soumises à l'autorité du gouverneur en vertu des sénatus-consultes, elles devinrent indépendantes de lui et armées contre lui. Comme Jules Ferry le proclamait, non sans un certain degré d'amertume, les conseils généraux des vieilles colonies sont devenus de véritables parlements locaux.

Ces assemblées n'ont pas toujours su résister aux entraînements des passions politiques et de l'égoïsme local. Elles ont parfois tenu en échec l'autorité de la métropole. Elles n'ont même pas toujours obéi à la loi. « Leur rôle politique les a absorbées outre mesure » disait M. Méray.

Ainsi que l'écrivait le savant et consciencieux rapporteur de la commission des budgets locaux M. Picquié:

« On a vu récemment, grâce a une surélévation « des droits, une colonie récupérer à son profit « les avantages que la métropole accorde à l'industrie sucrière pour la protéger et mettre « ainsi la loi en échec. »

La Guadeloupe imposa 2 fr. 55 les 100 kilog. de sucre exportés, ce qui représente un impôt de 102 francs par hectare de terres cultivées.

Ainsi, la métropole faisait un réel sacrifice en faveur de l'agriculture coloniale. Que répondait l'assemblée locale? Elle frappait d'un droit formidable les bénéficiaires de la faveur métropolitaine.

N'était-ce pas une singulière façon de venir en aide à l'agriculture?

Le budget. Le Conseil général. — Le budget de la colonie est encore, en partie, entre les mains des conseillers généraux.

Sans doute, les pouvoirs financiers de l'assemblée ont été, dans ces derniers temps, diminués, mais ils sont suffisamment étendus pour que la prospérité de l'île puisse se ressentir de l'emploi qui est fait des recettes et des dépenses de la colonie.

Le réquisitoire contre les conseils généraux des vieilles colonies a été si souvent prononcé qu'il est presque inutile d'énumérer les charges qui pèsent sur eux:

L'intérêt général du pays méconnu au profit des intérêts particuliers ou de ceux d'un parti politique; le gaspillage élevé à la hauteur d'une institution et se manifestant sous forme de subventions, de gratifications diverses, et d'indemnités variées consenties en faveur de quelques-uns; le gâteau budgétaire découpé en tranches dont les sections sont artistement dissimulées; les dépenses utiles rejetées; les besoins de l'agriculture et de l'industrie trop aisément oubliés; le matériel agricole, l'outillage économique, les grands travaux productifs (chemins de fer, etc.), délaissés : voilà en raccourci les chefs d'accusation.

M. Dubief, ancien rapporteur du budget colonial, dans un article récent fait quelques réflexions sur le budget de la Guadeloupe:

« ...Dans la farandole des deniers publics, le « Conseil général a mené la danse; c'est ainsi « que, contrairement à la loi de 1875, les procès- « verbaux des sessions étaient rédigés et impri- « més *in extenso* au prix annuel de 5 à 6.000 fr., « que les frais de rédaction et de buvette attei- « gnaient respectivement 12.717 fr. et 6.900 fr. « en 1897, 11.361 fr. et 16.228 fr. en 1898, soit une « dépense journalière de 18 fr. par conseiller, « 14.382 fr. et 9.151 fr. en 1900 et 11.832 fr. et « 6.886 fr. en 1901! Les chiffres ont leur élo- « quence.

« Pour détruire de pareils abus, un peu de « fermeté suffit. La représentation locale y « retrouverait son crédit compromis et le budget, « des ressources disparues dans un gaspillage qui « dénote de trop fâcheuses tendances de la part « d'une assemblée dont le rôle essentiel consiste « à modérer et à contrôler les dépenses. »

M. Dubief croit qu'il est possible d'endiguer « les goûts de prodigalité et de surenchère de « l'assemblée locale ». L'ancien ministre énumère les abus: fixation de frais de tournée au bénéfice d'agents qui ne se déplacent jamais; le boire et le manger des membres des commissions aux frais du budget; suppression de payement des sommes dues au trésor par certains particuliers, notamment par des hommes politiques influents, etc.

Maître du budget local, dans la limite encore possible, dispensateur des revenus des communes, le parti qui triomphe à tour de rôle tient dans ses mains le nerf de la guerre et de la paix, l'argent. Il dispose directement ou indirectement de certaines places, des avancements, des subventions, puissants leviers.

Les assemblées locales ont d'autres privilèges injustifiés, entre autres le droit de disposer du domaine qui appartient à l'Etat et que celui-ci leur a concédé avec une trop grande largesse.

La législation en la matière est quelque peu confuse et, dans tous les cas, ondoyante et diverse.

A la Martinique, sous l'étiquette de morcellement il y a eu de réels abus. Sous prétexte de favoriser le prolétariat, quelques politiciens ont mis la main sur d'excellentes terres. Certains biens domaniaux ont été transformés en vastes exploitations fructueuses, au lieu de subir le morcellement.

Il y a nécessité de garantir le domaine de l'Etat contre de semblables entreprises et d'édicter des mesures législatives urgentes, afin de réserver l'avenir. En agissant ainsi, on ne ferait, du reste, que suivre l'exemple donné à la Nouvelle-Calédonie et à la Guyane par l'Etat qui a repris une partie de ses droits.

Il est temps de mettre fin à certains scandales qui ne sont que la demonstration de la confusion des pouvoirs aux Antilles.

Le conseil général, quand une place n'était pas attribuée à un de ses protégés, supprimait la fonction en refusant de voter le traitement de l'agent désigné par le gouverneur ou même par le ministre. Il est vrai que l'assemblée locale s'empressait d'inscrire au budget la somme supprimée, dès que l'administration débile se décidait à cesser toute opposition et à accepter le candidat de l'assemblée locale.

« Le conseil général est l'assemblée souveraine
« qui seule, gère la colonie... Quand le consul
« général veut s'adresser au ministre, il lui dépê-
« che son président qui traite avec lui de puis-
« sance à puissance », écrivait l'Amiral Aube.

L'ancien gouverneur de la Martinique ajoutait :

« L'analyse de la situation économique du pays,
« que nous avons faite, nous dispense de longues
« recherches : elle permet d'affirmer que toutes
« les forces vives de la colonie ont été annihilées
« dans le passé par l'ingérence dominatrice du

« Conseil général : Agriculture et immigration,
« mouvement maritime et service des ports, des
« phares et du bassin des radoubs, industrie et
« commerce, chemins de fer, routes, chemins vi-
« cinaux, canaux et rivières, douanes et finances,
« équilibre budgétaire, tout est déjà fortement
« compromis dans l'ordre économique. »

L'amiral Aube termine en déclarant que l'Administration et le Gouvernement de ces colonies sont désormais impossibles.

Détenteur des pouvoirs financiers considérables, le Conseil général joue au Petit Parlement, avec d'autant plus d'aisance que la puissance politique est entre ses mains et que le Pouvoir exécutif est en réalité, en fait, sinon en droit, sous sa domination.

De cette concentration de la puissance politique et financière résulte la domination sans contrôle d'une assemblée qui tient en échec le représentant de la République, impuissant à faire triompher non seulement l'équité, mais la loi la plus formelle.

Grâce à une organisation occulte et parfaitement constituée on détient tous les pouvoirs.

L'ossature est formée en particulier par les fonctionnaires locaux, parfois grassement rétribués, touchant la double solde même augmentée de nombreux suppléments. Ce sont des agents électoraux de premier ordre. A côté d'eux se placent les bénéficiaires de la mairie, groupe compact et insatiable.

Les hauts fonctionnaires désignés par la représentation nationale au choix du ministre, sont à la discrétion d'un clan politique. Ils savent ce que l'on attend d'eux : obéir et rendre des services. S'ils résistent aux hommes politiques du pays ils sont déplacés et envoyés en disgrâce.

La magistrature est composée de clients et d'obligés de quelques hommes politiques qui n'ont en vue que leurs intérêts personnels et électoraux. Dans ce but, des avocats sans stage ont été d'emblée investis d'un mandat dans la magistrature.

Dans les Antilles, la justice est rendue par des hommes qui, à maintes reprises, ont fait montre de leur hostilité contre une partie de la population.

Comment des magistrats recrutés dans ces pays où les luttes de race sont si vivaces pourraient-ils trouver l'impartialité nécessaire à l'exercice d'une bonne justice ?

Des hommes de couleur, clients et débiteurs de mulâtres politiciens, nettement inféodés à un parti et dévoués corps et âme à leurs patrons, ne peuvent pas évidemment résister aux sollicitations de l'intérêt personnel et aux appels désespérés de leurs congénères

Toutes les fonctions publiques sont ainsi occupées par des hommes dévoués et qui ont dû donner des gages et pour leur nomination et pour leur avancement.

Le chef de la colonie lui-même n'échappe pas au système de sélection et d'oppression. Le gouverneur n'est le plus souvent nommé qu'avec l'assentiment de la représentation coloniale. Dès lors il est pris dans l'engrenage. Il faut qu'arrivé dans la colonie il se soumette au Conseil général qui étudie son degré de compressibilité et sa malléabilité.

Désormais, il faudra qu'il sacrifie sa personnalité, ses idées, ses projets, aux injonctions d'abord dissimulées de la majorité de l'Assemblée locale. Qu'il ne s'imagine pas que le chef d'une colonie doit chercher l'intérêt de la métropole et celui de la colonie ! Il s'agit bien de vétilles semblables. L'indication est d'obéir aux suggestions des maîtres locaux qui n'ont cure des grands intérêts tombés entre leurs mains.

Le représentant de la République française doit se soumettre à l'oligarchie tyrannique qui dispose de l'administration de la justice et des finances.

Le résultat de cette belle politique a été consigné dans la *Dépêche coloniale* du 15 octobre 1905.

« *Martinique*. — Les échanges en 1904 n'ont
« atteint que 22.970.957 francs, en diminution de
« 12.522.654 francs par rapport à 1903. La perte
« porte en presque totalité sur les importations
« (10.084.102 francs). Le resserrement du com-
« merce s'est manifesté dans toutes les directions,
« mais il s'est particulièrement manifesté dans le
« mouvement spécial avec la France qui a passé
« de 23.957.221 francs à 14.058.401 francs, en
« perte, par conséquent, de 9.288.820 francs.

« *Guadeloupe*. — La situation économique n'a
« pas été plus brillante qu'à la Martinique. Au
« total, on enregistre une diminution de 7.070.000

« francs (26.201.151 francs contre 34.171.550 francs
« en 1903), dont 4.579.218 francs aux exportations
« et 3.091.181 francs aux importations. Le com-
« merce total avec la France a perdu 6.997.021
« francs (25.717.761 francs en 1903, 18.720.743
« francs en 1904).

« En un an, les échanges des deux colonies réu-
« nies ont diminué de 20.498.053. Le mou-
« vement avec la France se trouve inférieur de
« 16.280.841 à ce qu'il était l'année précédente. »

Passer d'un chiffre d'affaires de 69.665.191 francs
à 40.172.138, en un an, en pleine paix, n'est pas
l'indice d'une situation brillante.

Le Mexique, à lui seul, entretient avec la
France, un mouvement d'affaires égal à celui de
la Guadeloupe et de la Martinique réunies. La
France n'a même pas un consul à Mexico.

Nécessité de la réforme. — L'heure est donc
venue d'appliquer la réforme demandée par tant
de bons esprits, depuis l'amiral Aube jusqu'à
M. Doumergue, l'ancien ministre des Colonies,
alors qu'il était rapporteur du budget et qu'il ap-
pelait de ses vœux le moment où une loi générale
poserait des règles fixes et des principes inva-
riables pour l'administration de nos vieilles Colonies.

Unité de direction. — *Unité d'autorité.* — Une
refonte générale basée sur une loi est nécessaire
pour assurer l'unité *de direction* de la Métropole
et l'unité *d'autorité* dans les Colonies des Antilles.

III

Les premières réformes.

Aussi bien cette situation n'avait échappé ni
à la perspicacité de la commission du budget ni
à celle des pouvoirs publics.

Le 29 juin 1899, M. l'inspecteur général Picquié
déposait un rapport extrêmement remarquable,
au nom de la commission chargée d'examiner les
budgets locaux des colonies.

La commission du budget manifesta la nette in-
tention de voir le gouvernement réaliser les réformes reconnues nécessaires. M. Doumergue,
rapporteur du Budget des Colonies pour l'exercice
1900, écrivait qu'avec une loi et des règles fixes
« les vieilles colonies arriveraient dans un délai

« assez rapproché, à relever leur situation et à
« faire face à toutes leurs dépenses. »

En vertu de l'article 33 de la loi de Finances du
13 avril 1900, un décret en Conseil d'Etat devait désormais fixer les dépenses obligatoires mises à la
charge des budgets locaux de la Martinique, de
la Guadeloupe, de la Guyane et de la Réunion.

On inscrivit aux budgets locaux de ces colonies
les dépenses de souveraineté (gouvernement colonial, justice, cultes) supportées jusque-là par le
budget métropolitain.

La Métropole, par contre, concédait des subventions à chacune des vieilles colonies, avec cette
réserve que les sommes octroyées aux budgets
locaux iraient en diminuant d'année en année,
jusqu'à la disparition totale de toute subvention.

Un décret en date du 21 août 1900 marqua la
première étape des réformes préconisées par la
commission des budgets locaux des colonies.

La période d'application du nouveau régime
n'est pas longue, mais on peut dire — en mettant
de côté la Martinique dont l'état économique a
subi un changement du fait de la destruction de
St-Pierre — que les résultats obtenus à la Guadeloupe n'ont pas été favorables. Cette colonie a été
acculée à la faillite. Le Conseil général ne put
boucler son budget. M. Clémentel, ministre des
Colonies, dut user des prérogatives qu'il tient
des sénatus-consultes et remplacer l'assemblée
locale défaillante.

Le crédit des subventions avait été diminué dans
une certaine mesure, grâce au Parlement qui in-
sistait pour la réalisation des économies et la
bonne gestion des finances locales.

Mais les conseil généraux, par un procédé fort
ingénieux, éludait les décisions de la métropole
et trompait ses espérances. On se contentait de diminuer les crédits en redressant les chiffres, mais
on laissait persister les abus, de telle sorte que
l'administration et l'assemblée locales étaient
mises dans la nécessité, en cours ou en fin d'exercice, d'ouvrir des crédits complémentaires qui
mettaient à néant la réforme dont on tentait l'essai.

D'autre part, pour équilibrer le budet, on n'hé-
sitait pas à se livrer à des évaluations fantaisistes
et excessives sur les prévisions de recettes, jus-

qu'au jour où le Conseil d'Etat, pour mettre fin à cet abus, dut confier à l'administration la fixation de ces prévisions.

A la Martinique, sous l'empire des nécessités et grâce à l'intelligente initiative de M. le Gouverneur Lemaire, le budget subit un sensible allégement. Les services diminués n'en continuèrent pas moins à fonctionner avec régularité. Pour faire plus et mieux, il aurait fallu l'intervention ministérielle ou législative.

Il n'est peut-être pas inutile de publier les chiffres de la subvention métropolitaine allouée respectivement à la Guadeloupe et à la Martinique.

Avant 1901, à la Martinique les dépenses de l'Etat, déduction faite des recettes en atténuation, s'élevaient à 833.000 francs; la subvention métropolitaine a été, en 1901, de 618.000 francs; en 1902, de 500.000 francs; en 1903, de 490.000 francs; en 1904, de 470.000 francs; en 1905, de 420.000 francs et en 1906, de 400.000 francs. Pour la Guadeloupe, les dépenses de l'Etat avant 1901 étaient de 1.010.000 francs; en 1901, de 810.000 francs; en 1902, de 800.000 francs; en 1903, de 700.000 francs; en 1904, de 650.000 francs; en 1905, de 625.000 fr. et, en 1906, de 600.000 francs.

Ces chiffres démontrent que des économies étaient faciles à faire depuis longtemps et que d'effroyables abus s'étaient glissés dans la gestion de nos possessions des Antilles. L'effort peut être continué; mais on doit avouer que pour faire beaucoup mieux il est nécessaire d'avoir recours à une autre méthode plus féconde.

C'est qu'en effet, pour réaliser une refonte administrative plus économique encore, plus complète et plus conforme aux exigences du pays, il est indispensable de toucher à l'organisation des Antilles. C'est l'œuvre du Parlement et du Gouvernement.

IV

Suppression du suffrage universel.

Des hommes éminents, des esprits libéraux et avisés ne sont pas éloignés de réclamer la suppression du suffrage universel pour remédier à l'anarchie qui existe dans l'administration, dans les finances et la justice de ces îles.

Les raisons que fournissent les protagonistes de cette radicale mesure sont nombreuses et ont été ailleurs exposées (1).

L'ignorance de cette population spéciale venue d'Afrique et qui menace d'expulsion les descendants d'Européens, possesseurs du sol et de la fortune publique, les faibles impôts établis dans ces îles dont les habitants ne payent que 44 p. 100 de leurs propres dépenses, sans prendre part aux charges de la Métropole, l'exemple de l'Indo-Chine, de l'Algérie dont les populations ont une culture plus élevée que celle des Antillais et ne possèdent pas le suffrage universel, sont des motifs qui ont été mis en avant pour réclamer la suppression de la représentation nationale des colonies.

Pourquoi les Indous qui ont conservé leurs statuts personnels et qui ne sont pas français peuvent-ils nommer des conseillers généraux, un député et un sénateur, alors que St-Pierre et Miquelon dont la population est essentiellement française n'a même pas une assemblée locale ?

Certains nègres du Sénégal qui habitent à droite d'un chemin sont des électeurs ; ceux situés à gauche n'ont aucun droit politique.

En Cochinchine et en Algérie ce sont les seuls blancs qui nomment les députés; aux Antilles la représentation nationale est faite par l'élément coloré, par cette raison que les blancs qui y prennent part ne sont représentés dans les suffrages exprimés que dans la proportion de 1 p. 100.

Une réforme générale est nécessaire, ne serait-ce que pour mettre un peu d'ordre et un certain degré d'unité et de logique dans notre législation coloniale.

Maintien du suffrage universel. — Sans doute, la suppression du suffrage universel, dont l'exercice légitime est si souvent faussé, serait une mesure efficace et décisive, mais n'est-il pas excessif de la réclamer ?

Le suffrage universel constitue le fondement de notre droit politique. Il répugne à la métropole d'enlever aux habitants des vieilles colonies la

---

(1) R. Pichevin. — *L'Organisation des Antilles françaises*, 1935, Paris, La Rougery.

jouissance d'un bien octroyé depuis 35 ans environ.

Le maintien du suffrage universel dans nos vieilles possessions d'outre-mer est une question plus de sentiment que de raison, dans l'esprit d'un grand nombre d'hommes politiques. Le Parlement ne se décidera à rompre avec l'ordre de choses établi aux Antilles que si la situation actuelle ne peut être dénouée autrement.

Il ressort, en effet, de l'exposé précédent que la situation confuse dans laquelle se débattent la Guadeloupe et la Martinique ne peut se perpétuer plus longtemps et exige quelques modifications.

V

Le gouvernement général des Antilles.

La nécessité de ramener les Antilles dans un état moins troublé, au point de vue politique et plus prospère au point de vue économique, apparaît avec la force de l'évidence, sous l'empire des événements qui se précipitent dans nos possessions d'outre-mer.

La création d'un gouvernement général des Antilles et peut-être même de la Guyane, est une conception qui, depuis un certain laps de temps, s'est imposée aux esprits les plus clairvoyants du monde colonial. C'est, du reste, une suite logique de l'unification de l'Indo-Chine et de la fusion si heureuse de nos colonies de la côte occidentale de l'Afrique. Les brillants résultats que cette organisation a rapidement donnés sont de nature à déterminer les pouvoirs publics à en tenter l'essai dans nos vieilles colonies d'Amérique.

Aussi bien la Guyane et les Antilles étaient jadis comprises ensemble sous la dénomination de France équinoxiale.

Mais l'idée de grouper sous un même gouvernement plusieurs colonies a été réalisée précisément aux Antilles.

Quand les Indes occidentales passèrent dans le domaine de l'État, elles furent soumises à l'autorité du marquis de Baas, premier gouverneur général des îles du Vent au xviie siècle. Cette institution persista jusqu'à la fin du xviiie siècle et fut interrompue par la conquête anglaise.

Le gouverneur général avait sa résidence à Port-de-France. Cependant à un moment donné, le gouvernement général fut transporté, mais d'une façon transitoire et éphémère, à la Guadeloupe.

Après les événements de 1848, pour le rétablissement de l'ordre, et le réveil économique de ces îles si éprouvées par l'arrêt du travail, la France crut nécessaire de créer à nouveau le gouvernement général. Le contre-amiral Bruat, commandant la station navale des Antilles fut nommé gouverneur général des Antilles, le 2 mars 1849. Le 12 juin 1851, le contre-amiral Vaillant hérita de la fonction et du titre.

A partir du 15 septembre 1851, le gouvernement général était supprimé.

La Guadeloupe reprenait son autonomie. Chacune des deux îles avait son gouverneur complétement indépendant l'un de l'autre.

Ce n'est pas le lieu de faire l'enquête nécessaire pour montrer quels furent les résultats de cette union, les avantages et les inconvénients qui pouvaient résulter du gouvernement général au XVII⁰ et au XVIII⁰ siècle. Aussi bien les conditions générales qui président aux destinées de ces îles ont-elles subi d'importantes modifications.

Mais l'on est en droit de se demander si l'adjonction de la Guyane dans le futur gouvernement général de nos possessions d'Amérique serait une mesure avantageuse.

Il est incontestable que la Guyane a une physionomie spéciale qui contraste avec celle des Antilles. Colonie située sur le continent américain, la Guyane n'est pas semblable à la Martinique et à la Guadeloupe. Sa richesse n'est pas comme celle de nos Antilles essentiellement agricole. Dans l'état présent, l'exploitation des mines constitue sa principale richesse et semble devoir présider à sa fortune dans l'avenir.

La Guyane est assez éloignée des Antilles. Les communications ne sont pas fréquentes ; la traversée entre la Guyane et les Antilles est relativement longue. Mais ces objections n'ont pas toute la valeur que l'on pourrait leur reconnaître à un premier examen.

Pour tous les cas urgents, le secrétaire général qui résiderait à demeure aurait toute l'autorité nécessaire pour agir au mieux des intérêts de la Colonie, sauf à en référer plus tard au gouverneur général

Les distances qui séparent la Guyane des Antilles ne s'opposent pas à l'établissement du gouvernement général de nos trois vieilles colonies d'Amérique. L'exemple des gouvernements de l'Indo-Chine et de l'Afrique Occidentale démontre que les énormes espaces, les vastes territoires soumis au même chef ne s'opposent pas à la marche régulière et normale de la colonie.

Quant à l'antagonisme qui n'existe pas, mais qui pourrait, contre toute attente, surgir entre la Guyane et les Antilles, il ne serait même pas un obstacle au bon fonctionnement du gouvernement général de la France équinoxiale. En effet, la Cochinchine n'avait-elle pas des intérêts opposés à ceux du Tonkin et de l'Annam ? En dépit du particularisme de la Cochinchine, justifié aux yeux de ses habitants, par de longs efforts et la crainte de perdre les avantages qu'ils avaient acquis, le gouvernement général de l'Indo-Chine a réalisé et a même dépassé toutes les espérances de ceux qui avaient conçu l'idée de la fusion.

Pour faire entrer la Guyane française dans le gouvernement général de nos possessions d'Amérique, on ne doit s'inspirer que de la question d'intérêt général.

Si la réunion de nos trois colonies — Guyane, Martinique et Guadeloupe — doit occasionner des dépenses considérables par le seul fait de l'introduction de la Guyane dans le futur gouvernement — ce qui, à première vue, paraît impossible — il est évident qu'il est préférable de laisser à Cayenne le gouverneur spécial qui s'y trouve.

Dans le cas contraire, Cayenne, Fort-de-France et Basse-Terre seront les résidences du gouverneur général qui se transportera d'une colonie dans l'autre, suivant les nécessités du moment.

Il lui appartiendra de multiplier et de développer les relations qui n'existent qu'à l'état d'ébauche entre nos possessions d'Amérique. Il est certain que la Guyane aurait à gagner à être reliée plus étroitement avec la Martinique et la Guadeloupe, et réciproquement.

Ces réserves faites pour ce qui a trait à la participation de la Guyane dans le futur gouvernement général, on peut mettre en lumière les avantages de l'union plus intime de nos deux colonies sous l'égide d'un seul chef, peu importe du reste le titre qui sera appliqué à la fonction, pourvu que les pouvoirs qui lui seront dévolus soient nettement déterminés et très étendus.

Des considérations multiples militent en faveur de l'unification des Antilles, raisons d'économie, de bonne administration, raisons politiques, militaires, économiques et financières, entre autres.

La Martinique et la Guadeloupe sont deux îles jumelles. Le sol, le climat, les mœurs, l'industrie, le commerce, les produits, les populations sont identiques. Ces îles constituent une entité au point de vue géographique, ethnique et économique. Les intérêts des deux colonies se confondent. Les prétendues oppositions qui pourraient surgir sont d'ordre secondaire et peuvent être aisément solutionnées sans que la prospérité de la Martinique et de la Guadeloupe puisse s'en ressentir. Ici et là, la canne à sucre est le pivot de l'agriculture, de l'industrie et du commerce.

Tandis que le gouvernement de l'Indo-Chine et celui de l'Afrique occidentale s'étendent sur de vastes territoires, sur des régions éloignées les unes des autres et difficilement franchissables, le gouvernement des Antilles comprendrait deux îles de peu d'étendue et voisines l'une de l'autre. Sans doute la mer les sépare, mais la Désirade, les Saintes, Marie-Galante, Saint-Barthélemy, sont à une certaine distance de la Guadeloupe. Cependant, à cette heure même, ces petites îles ne sont-elles pas placées sous l'hégémonie du gouverneur de la Guadeloupe?

En six ou sept heures on peut se rendre de la Guadeloupe à la Martinique et réciproquement. Deux paquebots français, deux packets anglais, deux steamers américains dont les départs sont irréguliers, desservent mensuellement et dans les deux sens, la Martinique et la Guadeloupe. En outre, un navire de la station navale stationne toujours à Fort-de-France et est à la disposition du gouverneur pour les cas imprévus.

Dernièrement ces navires ont déjà servi à transporter des militaires à la Guadeloupe et à prêter aide à l'île sœur quelque peu troublée aux approches des élections. Ce premier fait est la preuve pratique de l'utilité de la fusion.

Des communications rapides peuvent être

échangées entre les deux colonies grâce au câble sous-marin et par le rétablissement de la télégraphie sans fil inopportunément supprimée.

Des pigeons voyageurs pourraient, du reste, faire un service régulier et qui ne serait pas sans intérêt au point de vue de la défense de nos colonies en cas de guerre.

C'est une idée qui pourrait être mise à l'étude, d'autant plus qu'à Saint-Pierre un amateur avait jadis consacré ses soins à l'élevage de ces intéressants messagers.

Au point de vue militaire, il est nécessaire d'assurer l'unité de direction et l'unité d'autorité dans nos colonies de la mer des Antilles.

En temps de guerre, il y aurait d'incontestables inconvénients à avoir à la Guadeloupe un gouverneur, un commandant de troupes, peut-être un capitaine de vaisseau qui seraient tous indépendants du gouverneur et des chefs militaires de la Martinique.

La Martinique est un port d'attache de la flotte. Sa situation militaire et navale a été, il y a quelques années, singulièrement renforcée. Des forts puissants, un arsenal important, un bassin de radoub unique dans ces régions font considérer cette île comme la sentinelle avancée de la France dans ces régions, comme la clef de la mer des Antilles.

A cette heure, la Guadeloupe ne peut guère être efficacement défendue. En cas de déclaration de guerre, les troupes de la Guadeloupe se transporteraient à Fort-de-France pour mettre la Martinique à l'abri d'une attaque de vive force. Il résulte de cette combinaison que le colonel commandant des troupes à la Martinique aurait sous ses ordres toutes les troupes de terre des Antilles.

Mais, même dans cette hypothèse, des tiraillements peuvent aisément se produire. Le commandant des troupes de la Guadeloupe dépend du gouverneur de cette île. Si le chef de cette dernière colonie est, comme à l'heure actuelle, indépendant du gouverneur de la Martinique, un défaut d'entente entre les deux gouverneurs, peut à l'improviste surgir et mettre obstacle à l'exécution d'un plan mûrement concerté et *a fortiori* d'une opération militaire ou navale conçue sous la pression des événements.

Si l'on ajoute la crainte toujours justifiée d'un conflit entre la marine, le ministère de la guerre et celui des Colonies dont dépendent aux Antilles les troupes combattantes et leurs chefs, on a des raisons sérieuses pour réunir sous le commandement suprême du gouverneur général les forces dispersées dans les deux îles.

La concentration de toutes les forces navales, militaires et civiles dans une même main assurerait mieux l'unité nécessaire à la défense des Antilles.

Ces deux îles placées sous un même gouvernement pourraient s'entr'aider d'une façon plus suivie, plus effective et plus efficace, sous des rapports divers.

Les échanges de certains produits, sirops, café, etc., qui sont en plus grande abondance tantôt dans une de ces îles, tantôt dans l'autre; quelques industries ne pouvant vivre dans une seule de ces colonies mais qui pourraient trouver un débouché suffisant sur les deux marchés de la Guadeloupe et de la Martinique; la connaissance plus exacte des conditions de travail dans les deux colonies et par suite l'aide intercoloniale justifiée par l'identité des populations martiniquaises et guadeloupéennes, l'unification de certains impôts comme le droit de consommation sur le tafia, toutes ces raisons doivent entrer dans la balance du côté du plateau des avantages qui découleraient de la création du gouvernement général.

L'exemple de l'épanouissement de la prospérité en Indo-Chine est une preuve irréfragable de la force économique et financière qui résulte de l'union féconde de trois colonies.

L'histoire de l'Afrique occidentale est non moins probante. Quand fut établi le gouvernement général des cinq colonies, le Sénégal et la Guinée française seuls avaient pu jusque-là recourir à l'emprunt et n'avaient obtenu que 14 millions à un taux élevé, comme on peut le lire dans un des derniers numéros de l'*Union Coloniale* :

« Trois ans seulement après l'institution du « nouveau régime, le crédit de l'Afrique occiden- « tale française est devenu assez puissant pour « qu'après un premier emprunt de 65 millions,

« elle puisse solliciter la garantie de l'Etat et de-
« mander 100 nouveaux millions de l'épargne
« publique. Cela dit assez haut le mérite de
« l'institution et de ceux qui la dirigent. »

L'union fait évidemment la force dans la concurrence économique et dans l'administration
des colonies.

A la Guadeloupe, la situation a été si obérée
que la colonie a été acculée à la faillite. Force a
été récemment de faire un suprême appel au crédit pour équilibrer le budget. Depuis ce moment,
la Guadeloupe isolée, réduite à ses propres forces,
est dans l'incapacité de faire un emprunt.

Et cependant nos colonies d'Amérique sont
d'une prodigieuse fécondité.

Au retour d'une mission officielle, M. Lecomte,
professeur au Muséum, écrivait: « Les Antilles
« françaises présentent des ressources et une
« capacité de production bien supérieures à celles
« de certaines de nos colonies d'Afrique, vers les-
« quelles se dirigent presque exclusivement les
« capitaux français et les forces colonisatrices ».

Sans doute, les causes qui ont fait déchoir la
prospérité des Antilles sont multiples et d'ordre
différent. Mais il est possible d'avancer que la
création d'un gouvernement général aurait au
moins rendu moins profonde la déchéance économique de nos îles et aurait réussi, comme en
Indo-Chine et dans l'Afrique occidentale, à ramener avec la paix et la tranquillité, l'afflux des
capitaux européens.

Sans s'attarder aux regrets superflus, on peut
affirmer que l'union de nos possessions d'Amérique permettra de régénérer les Antilles, de trouver
le crédit nécessaire aux entreprises indispensables, au renouvellement de son matériel agricole, à la facilité de pénétration par des voies
d'accès moins primitives, à la création de nombreux travaux indispensables à la prospérité et de
la Guadeloupe et de la Martinique.

Que demain un gouverneur général éminent se
trouve placé à la tête de l'administration des Antilles, pourvu qu'il ait les mains libres et ne soit
pas paralysé par de néfastes influences, il trou-
vera les capitaux que nécessitent les grandes
entreprises dans ces pays stérilisés depuis trop

longtemps par les luttes ethniques et les plus basses convoitises

A la Guadeloupe, des dépenses sont nécessaires pour améliorer l'admirable rade de la Pointe-à-Pitre dont l'entrée est impossible aux navires d'un haut tonnage. L'agrandissement du port est urgent. Il faut y créer des wharfs.

Le mouvement maritime de la Guadeloupe est tombé de plus en plus entre des mains étrangères. Tandis qu'à la Martinique le mouvement de la navigation à l'aide des navires français s'élève à la somme de 20.227.000 fr. et à 15.208.000 fr. pour les navires étrangers, à la Guadeloupe les navires français ne transportent que pour 13.624.000 fr. de produits et les navires étrangers pour 21.908.000 fr. Il y a là une criante anomalie.

Saint-Barthélemy, une des îles voisines, n'a aucune relation par vapeur avec la Guadeloupe.

A la Martinique le Nord de l'île est privé, pour ainsi dire, de voies de communication avec Fort-de-France. Ce n'est que sous la pression des événements électoraux qu'hier a été rétabli le service de bateaux à vapeur qui reliait la partie septentrionale de la Martinique avec le chef-lieu.

Des travaux sont nécessaires pour permettre le raccordement des voies ferrées qui existent partiellement et ne sont employées qu'à l'exploitation agricole.

Le port de Fort-de-France est manifestement insuffisant. Des travaux nécessités par la création d'un centre commercial doivent y être effectués. Le bassin de radoub ne peut recevoir les grands navires, les longs croiseurs, les puissants cuirassés. La Trinité mérite d'être reconstituée sur de nouvelles bases, depuis la destruction de Saint-Pierre. Son port devra être l'objet de travaux qui la rendront accessible aux gros navires de commerce.

Il y a une évidente utilité à établir des communications commerciales avec la Guyane et la Trinidad. Un service maritime entre les différentes îles des Antilles et dans tous les cas avec Cayenne serait assuré d'un plein succès.

Simplification des rouages. — La modification des rouages administratifs s'impose. Il faut en finir avec cette complexité des services coloniaux et la multiplicité des fonctionnaires.

Il ne faut pas attribuer à chacune de nos colonies infiniment plus de fonctionnaires que n'en comporte une agglomération métropolitaine équivalente.

La Martinique a l'importance d'un *arrondissement* français moyen. La Guadeloupe est dans le même cas.

La Martinique a une superficie de 98.798 hectares et possède 180.000 habitants depuis la terrible catastrophe du Mont Pelé. On y compte huit cantons et vingt-six communes.

Sur ce territoire exigu se trouvent concentrés l'administration d'une préfecture, une cour d'appel, un tribunal de première instance, huit justices de paix, huit commissariats de police. D'où la multiplication déjà énorme des fonctionnaires.

Les mêmes considérations sont applicables à notre seconde possession de la mer des Antilles.

La superficie de la Guadeloupe et de ses dépendances est de 185.000 hectares et la population s'élève à 182.000 habitants. Cette île a trois arrondissements, onze cantons et trente-cinq communes. Marie-Galante qui n'a que 19.927 hectares et 17.000 habitants forme pour trois communes, un arrondissement et un canton.

Que l'on compare le territoire Guadeloupéen et le territoire Martiniquais à celui d'un arrondissement moyen de la métropole et l'on constatera quelques différences suggestives.

Dans la Charente-Inférieure, l'arrondissement chef-lieu compte sept cantons pour cinquante-six communes; l'arrondissement de Rochefort cinq pour quarante et une communes; celui de Saintes en a huit pour cent dix communes; le département entier quarante pour quatre cent quatre-vingts communes.

L'arrondissement de Lorient compte. pour onze cantons, cinquante-cinq communes; celui de Dieppe, cent soixante-huit communes et seulement huit cantons.

Les deux colonies ont la valeur de deux *arrondissements* métropolitains et sont constituées au point de vue administratif comme deux *départements*. Et encore ne faudrait-il pas pousser trop loin la comparaison pour constater que les Antilles sont infiniment mieux partagées que les

départements, par exemple au point de vue judiciaire.

Mais l'œuvre capitale est de soustraire le Gouverneur à l'influence délétère des assemblées locales et d'assurer la prépondérance du pouvoir
central. Sans cette réforme, toutes les tentatives
d'amélioration seront frappées d'avance de stéri-
lité.

Il faut remarquer la perfidie du procédé qui con-
comme dans les départements français, sa main
souveraine.

Modification du Conseil général. — L'amiral
Aube réclamait éloquemment un moyen terme
pour assurer l'unité de direction et sauvegarder
en même temps à la Martinique les libertés ac-
quises.

Gabriel Charmes esquissait dans les termes suivants le programme qu'il fallait appliquer aux
colonies: « Il faut que celui-ci (le gouvernement)
« mette fin au pouvoir absolu que s'attribuent cer-
« tains conseils coloniaux, au mépris de tous les
« droits, *qu'il prépare une nouvelle constitution
« coloniale* dans laquelle les attributions seront
« nettement définies et séparées, qu'il oblige les
« assemblées locales à se soumettre comme les
« conseils généraux français au contrôle d'une
« autorité supérieure, assez forte pour les empê-
« cher de dépasser le mandat qui leur appartient.
« Or, il ne pourra y arriver qu'à la condition de
« résister à cette pression des députés sous la-
« quelle il est écrasé aujourd'hui. »

Pouvoirs des conseils généraux. — La faillite de
l'organisation actuelle met en question la composition des conseils généraux.

Est-il nécessaire de la modifier?

L'élection du Conseil général pourrait être faite
en partie par le suffrage universel, en partie par
les Chambres d'agriculture et de commerce,
comme la proposition en a été faite.

Ainsi seraient représentés, dans l'assemblée
locale, les intérêts respectables de la population
et ceux, non moins importants, de l'agriculture.
de l'industrie et du commerce.

Mais il n'est pas utile d'agir de la sorte.

Déjà les sénatus-consultes qui régissent les
vieilles colonies ont subi une double atteinte par
la loi du 28 avril 1803 et par la loi de finances du
13 avril 1900.

Les restrictions apportées aux pouvoirs excessifs des conseils généraux sont déjà un progrès.

Est-il admissible que les conseils généraux de nos colonies aient des pouvoirs plus étendus que ceux de la Métropole?

Les assemblées locales des colonies peuvent introduire telles ou telles taxes et fixer leurs tarifs, sauf approbations. Dans le choix des taxes et des contributions, elles ont une complète initiative. En France, le Conseil général a simplement la possibilité d'ajouter des centimes additionnels aux quatre contributions directes votées par le Parlement.

Les pouvoirs du Conseil général colonial devront être strictement limités et définis.

L'initiative des augmentations de dépenses ne doit appartenir qu'à l'administration. Cette réforme est absolument indispensable.

Déjà en Cochinchine, en vertu du décret du 6 octobre 1887, les subventions, bourses, secours, gratifications doivent être soumis à l'approbation du ministre sur la proposition du gouverneur. Dans cette même colonie, le décret du 28 septembre 1887 stipule qu'aucun avantage direct ou indirect, sous quelque forme que ce soit, ne pourra être accordé par le Conseil colonial à un fonctionnaire ou à une catégorie de fonctionnaires, autrement que sur la proposition de l'administration.

Le représentant du gouvernement de la République muni de pouvoirs étendus et bien définis, sera en mesure de ramener les assemblées locales aux sentiments d'équité, de justice et d'économie qui doivent les guider.

Il faut qu'il rétablisse l'unité de direction et l'unité d'autorité trop méconnues et fasse cesser ces luttes ethniques stériles, décevantes, ruineuses et dangereuses.

Aussi bien le résultat sera-t-il facile à obtenir avec un peu de volonté. Car les politiciens qui se servent du spectre blanc pour exciter les populations incultes n'ont pour unique objet que l'esprit de domination et de satisfaction de leurs grossiers appétits.

Le gouverneur général. — Pour accomplir cet ensemble de réformes, il faut nécessairement une loi qui fixe les attributions du conseil général et qui donne au gouverneur une autorité incontestable et incontestée.

Sans doute un décret pourrait suffire pour créer le gouverneur général des Antilles. Dans la loi de finances pourrait être incorporée la nomination en fait du chef des deux colonies unifiées.

Mais une telle création ne serait pas sans inconvénient.

Le régime des décrets avec ses complications, ses contradictions et ses variations persisterait et rendrait incertaine la position du gouverneur général.

De plus, il y aurait à craindre, si les errements actuels devaient subsister, que le nouveau gouverneur, au lieu de n'avoir à subir que les assauts de la représentation nationale d'une seule colonie. ne fut exposé à la concentration des feux croisés des députés et des sénateurs des deux îles, sans parler de la possibilité de l'hostilité conjuguée des deux assemblées locales.

Aussi y a-t-il lieu de reviser les sénatus-consultes.

M. de Lanessan, dans ses *Principes de Colonisation*, traçait quelques règles qui, à cette heure, méritent d'être rappelées. Il réclamait la création de gouvernements coloniaux PUISSANTS et il ajoutait : « C'est donc par des lois que doit être établie l'organisation de nos colonies, c'est à des lois qu'il faut demander la consécration des principes de colonisation que l'histoire et l'expérience nous enseignent... »

Le fait est indiscutable. Le Parlement ne peut manquer d'être saisi. dans un jour peut-être prochain, d'un projet qui portera sur l'ensemble de notre organisation coloniale.

Muni de pouvoirs étendus et bien fixés par la loi, le gouverneur général échapperait aux intrigues locales et aux influences parlementaires qui pèsent d'un poids si lourd sur la bonne administration des colonies. N'est-ce pas M. Etienne, le ministre actuel de la guerre, un colonial de race, qui proposait de nommer ces hauts fonctionnaires pour une durée assez longue. suivant en cela la pratique déjà ancienne de l'Angleterre ?

Assuré du lendemain et jusqu'à un certain point indépendant. le gouverneur général aurait au moins le temps de connaître le pays, d'étudier les

choses et les hommes, de mûrir certains projets
et d'en exécuter quelques-uns.

Ses hautes capacités et son initiative ne seraient
pas perpétuellement stérilisées par la crainte de
recevoir du ministère le fatal télégramme le rap-
pelant en France, sous le fallacieux pretexte de
faire partie d'une importante, d'une trop importante commission.

L'exécution de ces réformes n'ira pas sans la
protestation véhémente des intéressés, troublés
dans la paisible jouissance de privilèges anciens,
considérés comme des droits.

Pour appliquer la loi et mener à bien cette entreprise difficile, il faut à la tête du gouvernement
des Antilles un homme de grande autorité, de
haute valeur et qui possède l'entière confiance du
gouvernement de la République.

Indépendant par sa situation, supérieur par son
intelligence et sa volonté, détenteur de pouvoirs
bien définis, le gouverneur ne devrait être accessible à aucune considération de personnes, à aucune influence pernicieuse. Rendre la prospérité
à nos anciennes colonies, tel est le programme
fort compréhensif qui peut lui être soumis. Le
choix des moyens lui appartiendra. Il sera bon
de lui accorder le crédit nécessaire à tous ceux
qui entreprennent la tâche ardue de redresser des
erreurs, de réformer des abus depuis longtemps
supportés, tolérés et quelquefois encouragés.

Economies par l'unification des services. — Le
gouvernement, la justice, l'instruction publique,
l'enregistrement, les contributions indirectes, les
ponts et chaussées, les postes et les douanes, la
trésorerie générale n'auraient, pour chaque service, qu'un seul chef pour les deux îles.

Personnel supérieur. — L'abolition du concordat aura pour conséquence probable la suppression des deux évêchés des Antilles.

Le gouverneur général, séjournerait à tour de
rôle à la Martinique et à la Guadeloupe ; un secrétaire général dans chacune des deux colonies, suffirait aux nécessités du service. L'administration
y gagnerait à tous les points de vue ; des économies notables pourraient être réalisées de ce fait.

L'unification des services des deux îles, comme
elle existe pour les arrondissements d'un même
département métropolitain, serait ainsi obtenue.

Grâce à elle, on pourrait combattre les abus et réaliser d'importantes économies.

Personnel local. — Le fonctionnarisme intensif qui sévit sur nos colonies mérite d'être endigué au mieux des intérêts généraux et de ceux des particuliers.

M. Chailley, dans son travail sur l'*Éducation et les Colonies*, faisait, à juste titre, remarquer qu'il existe une élite des intelligences et des cœurs pour laquelle il fallait maintenir l'enseignement secondaire classique.

A son sens, il y a bien 80 pour 100 de la population scolaire de l'enseignement secondaire à qui cet enseignement ne convient pas. Que n'a-t-on dirigé vers l'agriculture. si négligée aux Antilles. une bonne partie de ces jeunes gens qui cherchent vainement des emplois ?

Moins de fonctionnaires aux colonies et plus de travail exigé de chacun d'eux : c'est une formule banale à force d'être vraie.

Quant aux abus qui ont été faits de la double ou de la triple solde, des allocations diverses, des indemnités et des subventions, on est unanime à les réprouver.

La suppression de la double solde. — Quand il fallait tenter le métropolitain qui devait quitter son pays, sa famille. ses amis pour s'établir dans des pays lointains, la nécessité de la double solde se faisait sentir. Mais le recrutement d'un grand nombre de fonctionnaires d'une certaine catégorie est presque exclusivement local. A la Martinique et à la Guadeloupe, la vie est large, facile et peu coûteuse.

Il est juste que les fonctionnaires des se. ces locaux. recrutés sur place, aient la même solde que celle des métropolitains qui occupent des fonctions similaires dans la mère-patrie.

Et s'il fallait un exemple suggestif pour légitimer cette mesure, il suffirait de montrer que les instituteurs nés dans le pays. grands électeurs, reçoivent la double solde, tandis que les institutrices, qui n'ont pas encore le droit de vote, ne touchent aucun supplément de solde.

Du reste, à la Réunion et en Algérie, les instituteurs ne jouissent pas de ce privilège.

Réforme dans la gestion des communes. — La gestion des communes comporte une réforme importante. Un sévère contrôle y est nécessaire. La conception de la mairie comme maison de commerce d'un rapport assuré et sans aucun risque pécuniaire, n'est pas encore entrée dans nos mœurs. Il faut abolir le péculat qui s'épanouit ouvertement à la Martinique. La très grosse partie du budget des communes ne doit pas passer à payer les employés. Les secrétaires de mairie de bourgs peu importants ne peuvent recevoir des soldes considérables. Les entreprises doivent être données à des soumissionnaires libres de toute attache municipale. Les chemins vicinaux et autres méritent d'être entretenus. L'argent des contribuables doit servir à un but légitime.

Une importante économie peut être réalisée sur le budget des deux îles, si l'on veut appliquer le décret du 26 septembre 1890 qui rend applicable aux colonies la loi du 16 juin 1881.

Les communes doivent payer les dépenses de l'instruction primaire.

Si ce résultat était atteint les finances des deux îles se trouveraient singulièrement allégées.

Si les communes obérées par de folles prodigalités et par leur exploitation éhontée n'ont plus la capacité de production suffisante pour faire face à leurs obligations, l'Etat n'a qu'à prendre à sa charge leurs dettes et les administrer par ses agents.

La réforme sur la taxe de l'alcool. — Jusqu'au 1ᵉʳ janvier 1904, le droit sur l'alcool, qui n'était à la Martinique, que de 1 franc, a été porté à 1 fr. 25. A la Guadeloupe il est de 1 fr. 50, à la Réunion de 3 francs. En France, la taxe est de 2 francs. Pourquoi ne pas la fixer uniformément à 2 francs, au nom de cette assimilation si vivement désirée par quelques théoriciens.

Nos populations des Antilles font une trop grande consommation d'alcool. Les statistiques qui ont été publiées sont totalement faussées par une fraude colossale.

Il s'agit de réglementer l'usage du tafia, produit extrêmement riche en alcool, considéré par les noirs comme étant un excellent médicament et même comme une sorte de panacée capable de guérir toutes les maladies tropicales et aussi quelques autres.

A la faveur du recrutement local des agents, la

fraude a pris des proportions inimaginables. M. Dubief le constatait.

Une très grande partie du budget de la Martinique, la chose semble à première vue excessive et même impossible, une très grande partie du budget de la Martinique pourrait être équilibrée au moyen des droits perçus sur la totalité de la consommation locale du rhum et du tafia.

Pour mettre fin à des pratiques délictueuses et contraires aux intérêts de la population, il y aurait lieu d'avoir un personnel de choix bien rémunéré et recruté en France.

La distillation en vase clos mettrait, semble-t-il, un terme à l'illicite vente du tafia. Dans tous les cas, n'est-ce pas une expérience à tenter ? Deux industriels avaient offert d'en assurer gratuitement l'essai.

D'après les évaluations les plus modérées, on peut faire entrer dans les caisses coloniales 1.000.000 fr., soit 500.000 fr. à la Martinique et 500.000 fr. à la Guadeloupe. En portant progressivement les droits à 2 francs, on élèverait le supplément de recettes à plus de 1.500.000 francs dans le budget commun.

Mais, il faut le répéter, si des mesures rigoureuses et efficaces étaient prises, le budget local trouverait dans la taxe sur l'alcool des recettes véritablement extraordinaires.

Réforme de la magistrature. — La réforme de la magistrature est l'une des plus importantes et des plus urgentes mesures que réclame la situation. (1)

La distribution d'une bonne justice est la pierre angulaire de notre édifice colonial. Sans justice impartiale et indépendante, tous les principes de la colonisation sont faussés, et nos possessions sont menacées dans leur existence même.

M. le Ministre des colonies l'a si bien compris qu'il a pris un récent décret qui établit à l'avenir les règles de la nomination dans la magistrature coloniale. Par une sélection basée sur des titres sérieux, de connaissances juridiques et pratiques approfondies, les juges entreront par la grande porte de la maison, et désormais auront

---

(1) Cette question mériterait d'être l'objet d'une étude approfondie.

pour principale recommandation le mérite personnel. Ces garanties d'instruction ne sont pas à dédaigner; elles relèveront encore le niveau moral et intellectuel de la magistrature coloniale.

Il y aurait une autre réforme qui mérite de fixer l'attention des pouvoirs publics.

Pour mieux assurer l'indépendance du magistrat, on pourrait décréter qu'il ne séjournerait que trois ans dans la même colonie. Un roulement serait établi qui permettrait à chaque juge de passer à son tour de rôle dans une bonne colonie. N'est-il pas injuste de maintenir à vie certains magistrats dans des climats salubres, dans des îles charmantes où la vie est douce, et de reléguer à perpétuité d'autres magistrats, moins protégés, dans des pays malsains et dans un milieu peu enchanteur?

L'unification des soldes faciliterait peut-être les changements de résidence qui se feraient à des époques fixes, suivant le mode adopté pour les commissaires coloniaux et les médecins des colonies.

Il est une réforme urgente, car elle répond à une nécessité: les magistrats ne peuvent rendre la justice dans leur pays d'origine. Ils ne peuvent être juges et parties dans les luttes ethniques qui divisent nos colonies. Un ministre avait promis que les créoles ne rendraient plus la justice dans les colonies où ils sont nés. Mais, depuis lors, que de nominations vont à l'encontre de cette solennelle promesse! La justice n'a rien à gagner, à être rendue par des hommes qui sont inféodés à des clans politiques et qui subissent les excitations des haines de races.

C'est un danger sérieux qu'il faut signaler avec énergie.

Schœlcher lui-même avait reconnu la nécessité de ne nommer que des magistrats métropolitains aux Antilles.

Pourquoi ne reviendrait-on pas au projet qui assure à certains magistrats coloniaux, dans des conditions déterminées, après un long stage, un débouché dans la magistrature métropolitaine?

Cette perspective serait de nature à dégager encore davantage le magistrat colonial du milieu ambiant qui opprime son indépendance.

M. Clémentel, à la tribune, avait laissé entendre qu'il ne s'opposerait pas au rattachement de la magistrature coloniale à celle de la métropole. Mettre directement *les juges des colonies* sous la juridiction effective du garde des sceaux *serait une mesure favorable* qui soustrairait davantage les hommes chargés de rendre la justice aux colonies aux sollicitations trop pressantes de l'intérêt personnel et des passions ethniques.

Tout dernièrement, le ministre des colonies et le ministre de la justice ont décrété l'extension de la juridiction des juges de paix. Excellente mesure, à condition que ces magistrats, recrutés dans le pays même, ne soient pas des hommes lancés dans la politique locale et créés en vue des élections. On pourra même, et sans aucun inconvénient pour le contribuable, diminuer, par mesure d'économie, le nombre des justices de paix. Les juges se transporteraient à certains jours dans des communes voisines.

La question de l'unicité des juges dans les tribunaux de première instance est-elle résolue? Cette réforme est peut-être réalisable.

Il suffit que le juge soit probe, indépendant, impartial et instruit. Ce sont, il est vrai, de multiples qualités exigées chez un même homme.

On est à peu près d'accord pour admettre qu'une Cour d'appel pour les deux îles répondrait aux besoins des justiciables.

On n'a pas été sans remarquer que pour 86 départements on ne compte que 26 Cours d'appel, soit une Cour pour plus de trois *départements*. Aux Antilles pour deux colonies dont la valeur ne dépasse pas celle de deux *arrondissements moyens*, on a deux Cours.

Encore si ces cours étaient surchargées de besogne, on pourrait les conserver. Mais en 1898, d'après la statistique de M. Doumergue, les Cours de la Martinique et de la Guadeloupe réunies ont rendu 48 arrêts en matière civile et commerciale, soit deux arrêts par mois dans chacune des deux îles.

M. Dubief, le ministre actuel de l'intérieur, a fait le calcul suivant: en France il y a un conseiller par 70.000 habitants. La solde du conseiller métropolitain coûte 0 fr. 13 par habitant et par an. A la Guadeloupe il y en a un par 150.000 habitants et il coûte 0 fr. 90 par justiciable. Quant au travail, la moyenne des arrêts civils rendus par les Cours de la métropole est de 131 par an, alors que la Cour de la Guadeloupe n'en rend pas 10. « De sorte que dans le bon pays de l'oncle Tom, « les magistrats des Cours, bien que cinq fois « plus nombreux qu'en France — Algérie et Tu- « nisie comprises — coûtent sept fois plus et tra- « vaillent quatorze fois moins. »

A la Martinique la situation est identique.

Ainsi est organisée la vie active des conseillers des Antilles qualifiée ironiquement de « *retraite des dix-mille* » à cause du chiffre des appointements de ces hauts magistrats et de leurs loisirs prolongés.

En 1903 on a décrété que le nombre des conseillers pour chaque Cour serait réduit à 5.

La réforme judiciaire vivement désirée par MM. Doumergue et Dubief. sans parler des autres parlementaires qui ont préconisé cette solution, la réforme judiciaire pourrait être rapidement réalisée et donnerait lieu à des économies notables.

Une Cour unique composée de 5 conseillers exigerait une dépense totale de 100.000 francs, soit 50.000 francs pour chaque île.

Or, la dépense inscrite au budget de la Martinique s'élevait à 135.600 francs, soit une économie de 85.600 francs.

Les 8 justices de paix actuellement existantes peuvent être réduites à 5. Ces magistrats se déplaceraient pour exercer leurs fonctions, à certains jours dans les communes où la suppression du tribunal aurait été effectuée. Il y aurait de ce chef une économie de 20.000 francs, soit pour la justice 105.600 francs.

Au lieu de 10 commissaires de police. on pourrait, sans inconvénient, n'en avoir que 6, soit 10.000 francs à retrancher au budget.

Le secrétariat général pourrait donner lieu à une économie de 15.000 francs.

Sur la gendarmerie, organisme colonial indispensable, on peut diminuer les charges qui pèsent sur la Martinique.

Les chevaux créoles peuvent servir de montures aux gendarmes. L'achat de ces bêtes réaliserait une notable économie. d'autant plus que ces animaux mangent l'herbe du pays et n'exigent qu'une nourriture peu coûteuse.

Sur les frais de nourriture et de remonte, on peut gagner 50.000 francs.

Les 60.000 francs que coûte l'imprimerie peuvent être réduits à 10.000.

La subvention aux communes, réduite à 200.000 francs, donnerait une économie de 250.000 francs, soit déjà 430.000 francs en moins.

L'application de la loi de la séparation allégera le budget local.

L'enregistrement coûte 30 0/0 de la perception réalisée par ce service. C'est excessif. La douane perçoit 1.245.000 fr. et coûte plus de 150.000 fr., déduction faite de la part incombant aux communes pour la perception de l'octroi de mer.

Si on supprime la double solde des fonctionnaires des cadres locaux, on réalisera une sérieuse économie.

Enfin, la création d'un seul chef de service pour la douane, l'enregistrement, les contributions indirectes, les postes et télégraphes, l'instruction publique, la trésorerie compensera largement et fort au delà le haut traitement dévolu au Gouverneur général et les indemnités nécessitées par les déplacements des hauts fonctionnaires et des conseillers de la Cour.

Somme toute, c'est une diminution de 5 à 600.000 francs sur le budget de la Martinique.

Si l'on augmente de 0.25 seulement la taxe sur l'alcool on ferait entrer 400.000 francs environ.

Ajoutez à cela le produit de la fraude sur l'alcool que l'on peut évaluer au minimum à 500.000 litres, plus probablement à 1.000.000 de litres, et l'on verra que, dans cette voie, il est possible d'assurer des rentrées considérables dans les caisses de la colonie.

Le gouvernement général aurait pour objectif d'étudier la situation économique des Antilles, de fixer l'attention du ministre des Colonies sur les lois douanières qui portent une si grave atteinte à leur prospérité et de faire appel au grand public sans le concours duquel les grandes réformes ne se réalisent guère.

Si ces colonies doivent périr sous l'inflexibilité et les rigueurs du régime douanier, et par suite faire perdre à la France, à l'importation et à l'exportation, des sommes considérables, n'est-il pas préférable d'édicter des mesures moins draconiennes, plus justes, plus équitables qui permettront à la métropole de continuer des relations d'affaires rémunératrices encore, et aux colonies de traverser une période critique de leur existence?

La loi de 1802 pèse d'un poids lourd sur la vie de nos colonies. Au moment où nos possessions de la mer des Caraïbes sont menacées dans leur existence, n'est-il pas équitable de mesurer le chemin parcouru et d'examiner ce qui peut être fait pour les sauver d'un désastre dont le contre-coup serait ressenti dans la métropole.

Il n'est plus question du pacte colonial qui était l'exploitation éhontée des colonies par la métropole. Nos possessions étaient taillables et corvéables à merci. Elles ne pouvaient recevoir que des marchandises françaises et ne pouvaient vendre leurs produits qu'en France. Elles étaient indignement exploitées.

La loi néfaste de 1802 mérite d'être réformée. Fallot écrit :

Il faut corriger la loi néfaste de 1802. En 1896 la France a reçu des colonies françaises 1.002.281 quintaux de sucre valant 31 millions de francs sur lesquels elle a perçu le droit d'entrée de 60 francs par quintal (soit 26.900.00 francs) mais elle a reçu de l'étranger 35.000 quintaux valant 1 million de francs, que ses colonies auraient probablement fournies avec un même régime douanier. Par contre, sur les 164 millions de kilos de café et 35 millions et demi de cacao que la France importe, un million seulement de kilos de chacune de ces denrées est originaire de ses colonies, qui en fourniraient des quantités considérables si les droits qui les frappent à leur entrée en France n'étaient pas exorbitants.

Le tarif métropolitain est appliqué à nos colonies pour l'importation de leurs marchandises. De ce chef ces terres sont considérées comme des prolongements de la mère-patrie. N'est-il pas juste de leur appliquer un régime plus avantageux que la détaxe de 50 0/0 à l'entrée de leurs produits dans la métropole ?

Pour les produits exotiques qui ne peuvent entrer en concurrence avec ceux de la métropole, la réciprocité semble être légitime. Le cacao, le café, le coton, etc. des possessions françaises devraient entrer en franchise dans nos ports.

La situation est plus délicate pour ce qui a trait au sucre de canne.

Schœlcher n'y allait pas par quatre chemins. Il avait tranché d'une façon élégante la question. Il écrivait :

« Celles de nos colonies que l'odieux régime « impérial nous a laissées; par la raison seule « qu'elles font partie de la France, ont droit à la « prospérité; et cette prospérité étant, à notre avis, « uniquement dans la belle culture de la canne, « nous nous déclarons ennemi du sucre de bette- « rave.

« Et comme le sucre indigène n'est pas une « condition de vie pour la métropole, tandis que « le sucre exotique est une condition de vie pour « nos colonies, comme le sucre indigène ne peut « que compromettre l'existence du sucre exotique, « nous disons qu'il faut détruire le sucre de bet- « terave avec indemnité pour les fabriques métro- « politaines. »

La solution serait évidemment simpliste et très radicale. Mais elle ne pouvait être adoptée anciennement, et encore moins à l'heure actuelle.

Ce qu'il y a lieu de demander c'est l'égalité de traitement, autant que faire se peut, dans des questions aussi complexes. La détaxe de distance accordée aux sucres de la colonie est une mesure équitable. Elle mériterait d'être mieux établie pour permettre à nos possessions des Antilles qui luttent si courageusement de surmonter la crise très grave qu'elles traversent.

Comme le faisait récemment remarquer M. R. de Bévotte, le Consul général de la Guadeloupe a exprimé le vœu que le chiffre de la détaxe de distance représente effectivement les frais de transport. Une clause de la conférence de Bruxelles stipulait que la détaxe de distance ne constituait une prime que dans les cas où la valeur excéderait les frais réels de transport.

Il y a des inégalités choquantes, ainsi que l'indiquait la *Démocratie* de la Guadeloupe du 21 janvier 1905. Une détaxe de distance de 2 francs par 100 kilog. est accordée aux sucres expédiés du Nord de la France au Midi ou au Sud-Ouest tandis que l'on concède seulement 2 fr. 25 par 100 kil. aux sucres expédiés de la Guadeloupe et de la Martinique dans un des ports de la Métropole. C'est trop peu.

Il ne faut pas oublier que la Martinique et la Guadeloupe si prospères, ont vu diminuer d'une façon effrayante le chiffre de leurs affaires.

A la Martinique les échanges de 1904 n'ont atteint que 22.970.987 francs et à la Guadeloupe, 26.201.150.

En un an les échanges des deux colonies réunies ont diminué de 20.493.053. Le mouvement avec la France se trouve inférieur de 16.280.841 à ce qu'il était l'année précédente.

Les dernières statistiques sont un peu moins désastreuses.

Il suffit de faire remarquer qu'en 1883 la Martinique importait pour 32.898.581 francs et exportait pour 32.826.084 francs, elle faisait donc 65.704.000 d'affaires.

En 1896 les échanges étaient encore de plus de 44 millions pour la Martinique seulement.

Une réforme est encore nécessaire, c'est celle qui a trait à la main-d'œuvre, question complexe, difficile, extrêmement intéressante et à laquelle est lié indissolublement l'avenir de toutes nos colonies.

A la Martinique et à la Guadeloupe une solution s'impose. Ce n'est pas celle de l'immigration indienne ou africaine justement abandonnée, c'est la reprise de la colonisation par des Français interrompue malencontreusement au xviii° siècle.

Au triple point de vue agricole, économique et politique, l'émigration française à la Guadeloupe et à la Martinique mérite d'être soumise d'abord à un débat sérieux. Je demande à porter la question devant vous dans notre prochaine séance.

Aussi bien vous avais-je demandé l'autorisation de vous exposer la question de l'immigration indienne dans nos colonies des Antilles, pour la combattre, vous montrer ses inconvénients, ses avantages et la supériorité de l'émigration européenne, telle que je la comprends et telle qu'elle est indiquée par la situation actuelle.

A ces îles qui périclitent il serait bon d'infuser un peu de sang européen nouveau.

En faisant appel à toutes les classes de la société, on obtiendrait le départ pour ces colonies d'éléments issus des couches profondes de la démocratie qui apporteraient aux Antilles leur amour de la terre, leur activité, leur goût pour l'épargne et toutes les admirables qualités qui font du paysan français en particulier, le colon par excellence, celui qui a fondé la puissance de la France au Canada, à la Louisiane, à St-Christophe, Saint-Domingue, à la Martinique, à la Guadeloupe et dans la plupart des petites Antilles.

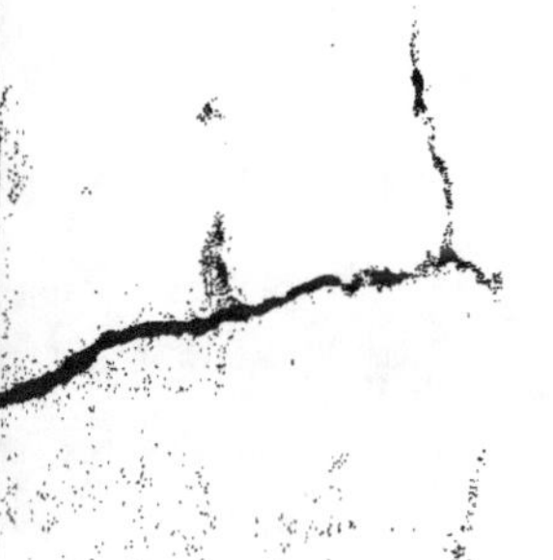

Imprimerie Paul DUPONT, 142, rue Montmartre, Paris